跟著莊周去夢遊

張希峰 著

遇見最自由的哲學靈魂

天地與我並生，而萬物與我為一
何為逍遙，何為道？

**從一條魚的快樂，到萬物齊一的宇宙
莊子以寓言，喚醒我們對生活的思考**

目 錄

總序 005

第一章　從人生如戲到自在從容 009

第二章　與道同行的境界 021

第三章　齊物之道的價值根基 047

第四章　從去私正己到歸順天道 063

第五章　無為而治的政治邏輯 081

第六章　從文明之累到自然之歸 101

第七章　以天下之美為盡在己 117

第八章　真隱者不做廟堂之龜 129

第九章　適性的智慧 153

/目錄

第十章　莊子的理想人格　　　　　　　　　　　173

第十一章　從夢境到逍遙　　　　　　　　　　199

第十二章　養生之道　　　　　　　　　　　　219

總序

這是一個需要聖人並且誕生了聖人的時代。

在西元前 800 年至西元前 200 年，在地球北緯 20°和北緯 40°之間的地域，世界上一批思想巨星和藝術宗匠閃亮登場，他們的思想和學說照亮了歷史的天空，開啟了人類的智慧，並一直溫暖著人們的心靈。

那是一個群雄紛爭、諸邦並列的時代：在古代歐洲，是希臘、羅馬各自為政的城邦制時代；在南亞次大陸，是小國林立、諸邦互鬥的局面；在古代中國，則是從「溥天之下，莫非王土」的西周王朝，轉入了諸侯爭霸、七雄戰亂的「春秋戰國」時代。那時天下大亂，戰火連綿，強凌弱，眾暴寡，爭地以戰殺人盈野，爭城以戰殺人盈城，百姓生活在被侵襲、蹂躪和面臨死亡的威脅之中。如何才能恢復社會秩序、實現社會安定？什麼才是理想的治國安邦良策？芸芸眾生的意義何在？人類前途的命運何在？正是出於對這些現實問題的思考，一批批先知先覺誕生了，一服服治世良方出現了。人類歷史也由此進入了智慧大爆發、思想大解放的「諸子並起，百家爭鳴」時代！

在古波斯，瑣羅亞斯德（西元前 628 年至前 551 年）出現了；在古希臘，蘇格拉底（西元前 469 年至前 399 年）、柏拉圖（西元前 427 年至前 347 年）出現了；在以色列，猶太教先

／總序

知們出現了；在古印度，佛陀釋迦牟尼（約西元前565年至前485年）誕生了；在中國，則有管子（約西元前723年至前645年）、老子（約西元前571年至前471年）、孔子（西元前551年至前479年）、孫子（約西元前545年至約前470年）、墨子（約西元前475年至前395年）等一大批精神導師、聖人賢人橫空出世！

德國哲學家卡爾・雅斯培（Karl Jaspers）在1949年出版的《歷史的起源與目標》（The Origin and Goal of History）中，將這一時期定義為「軸心時代」，並認為，「軸心時代」思想家們提出的思想原則，塑造了不同的文化傳統，也一直影響著人類未來的生活。在希臘、以色列、中國和印度的古代文化都有著「終極關懷的覺醒」，智者們開始用理智的方法、道德的方式來面對這個世界，同時也產生了宗教和哲學，從而形成了不同類型的智慧，逐漸形成了「中國文化圈」、「佛教和印度教文化圈」、「希臘─羅馬和猶太─基督教文化圈」，決定了今天西方、印度、中國、伊斯蘭不同的文化形態。這些文化圈內人們的思想因為有了「軸心時代」思想家的智慧火花，才一次又一次地被點燃，這些文化也才一代又一代地得以傳承和發展。

相反，由於沒有「軸心時代」先知先覺思想的恩惠，一些古老文明也就無緣實現自己的超越與突破，如古巴比倫文化、古埃及文化、古馬雅文化，它們雖然都曾經規模宏大、盛極一時，但最終都被歷史的歲月無情地演變成文化的化石。

中華民族以其悠久的歷史和燦爛的文化屹立於世界民族之林，中華文化歷經數千年而不衰竭，以雄姿英發之勢，傲視寰宇。中華文化是「世界四大古文明」（古埃及、古巴比倫、古印度和中國）中傳承序列最明晰、文化形態最溫和、發展持續性最強的一種文化。

　　浩浩龍脈，泱泱華夏，何以能創造如此文明奇蹟？中國「軸心時代」期間的「諸子百家」、聖人賢人所做的絕妙思考和留下的精神財富，無疑就是歷代中國人獲取治國安邦之術的智慧泉源。在這一群聖人賢人之中，有德有位、立言立功、多才多藝的周公（姓姬，名旦）無疑是東方智慧大開啟的奠基者。歷五百年，隨著王室東遷、文獻流播，而有管子、老子、孔子、孫子者出。管子是用知識和理想治理社會和國家而獲得成功的第一人，是後世儒與法、道與名諸多原理的蘊蓄者；老子曾為周守藏室史，主柱下方書，善觀歷史，洞曉盛衰，得萬事無常之真諦，故倡言不爭無為，而為道家鼻祖；孫子雖言兵，然而崇仁尚智，以兵去兵，而為兵家之神聖；同時，有孔子者出，遠法堯舜之美，近述周公之禮，刪六藝以成「六經」，開學宮以授弟子，於是乎禮及庶人，學術下移，弟子三千，達徒七十有二，口誦「六經」，身行孝敬，法禮樂，倡仁義之儒家學派因而誕生！

　　自是之後，民智大開，學術鼎盛，家有智慧，人有熱忱，皆各引一端，各樹一幟，於是崇儉兼愛的墨家（以墨翟、禽滑釐為代表）、明法善斷的法家（以申不害、商鞅、韓非為代表）、循名責實的名家（以鄧析、公孫龍為代表）、務

總序

耕力織的農家（以許行、陳相為代表）、清虛自守的道家（以文子、莊子為代表）、象天制歷的陰陽家（以子韋、鄒奭、鄒衍為代表），以及博採眾長的雜家（以尸佼、呂不韋為代表）、縱橫捭闔的縱橫家（以鬼谷子、蘇秦、張儀為代表），紛紛出焉，蔚為人類思想史上之大觀！

諸家雖然持說不同、觀點互異，但其救世務急之心則一。善於汲取各家智慧，品讀各家妙論，折中去取，必收相反相成、取長補短之效。《詩》曰：「我思古人，實獲我心！」生今之世，學古之人，非徒抒弔古之幽情、發今昔鉅變之慨嘆而已，亦猶有返本開新、鑑古知今之效云爾！

是為序！

第一章　從人生如戲到自在從容

　　從西元前475年到西元前221年嬴政統一中國，是中國歷史上變革最為劇烈的時期，史稱「戰國」。「戰國」的命名，大概是因為戰爭在這一歷史時期有著特別重要的意義。戰國時期的254年內，戰亂頻仍，烽火連天，戰爭成為諸侯兼併爭霸最主要的手段。另一方面，各國諸侯為增強爭霸實力，大都積極進行政治、軍事、經濟制度的改革，迫切需要多方面的、大量的人才。於是，傳統的宗族出身和政治經濟地位限制被突破，傳統的思想文化觀念禁錮被打開，一大批有才能、有文化的士走上政治舞臺。他們有的高居相位，如李悝、衛鞅、吳起、申不害等，充當改革先鋒；有的成為名將，南征北戰，如樂毅、白起、王翦；有的成為遊說之士，如張儀、蘇秦，憑其三寸不爛之舌謀求富貴，合縱連橫；有的成為高士，如段干木、顏斶、魯仲連，高潔尚義；有的成為俠士，如聶政、田光、荊軻，視死如歸。除此之外，在思想文化領域湧現出一大批學士，他們著書立說，廣聚徒眾，成家立派，爭相宣傳自己的思想和主張，共同開創了中國思想文化史中最為人津津樂道的「百家爭鳴」的活躍局面。

　　「百家爭鳴」不僅促進了思想的解放和文化的空前繁榮，還造就了一大批天才思想家，如墨翟、孟軻、惠施、公孫

第一章　從人生如戲到自在從容

龍、荀卿等，一時群星璀璨。而莊子，當然是這璀璨群星中極為耀眼的一顆！

一、貧賤不能移

　　莊子名周，宋國蒙（今河南商丘市東北）人，其家世不可考，史籍無傳。莊子生活在西元前369年至西元前286年，與有名的戰爭狂人梁惠王、齊宣王同時。其嘗為蒙漆園吏，即管理漆園的小官，因這與其志趣不合，不久莊子便辭職而去。此後，莊子從未出仕，大約終身為自由職業者。

　　因為沒有固定職業，其祖輩大概也沒有留給他豐厚的家產，所以莊子的生活狀況一直很慘。在莊子所處的時代，士這個階層的人出路還是較多的。如上所述，士可以去遊說諸侯，鼓吹治國興邦之術，一旦得到賞識，可以入朝為將相，例如蘇秦曾掛六國相印。次之是投靠權貴，做個門客，例如馮諼寄食孟嘗君門下，吃飯有魚，出門有車，所得還可供養家人。但這些莊子皆不願為。另外，當時齊國東門外有個稷下學宮，招羅天下著名學者，列第為大夫，不治而議論。孟軻、荀況曾先後去講學。莊子「善屬書離辭」、「其學無所不窺」，有蓋世之才。按理說，他不願出仕與暴君、貪官同流合汙，去稷下學宮講講學混碗飯吃總可以吧！但莊子認為，稷下學宮那班學者整日搖唇鼓舌、喋喋不休地爭論一些諸如「卵有毛，雞三足」之類的事情，實在無聊得很，所以也沒有去。

　　莊子究竟窮困潦倒到什麼地步，史書沒有記載，不過從

第一章　從人生如戲到自在從容

莊子的著作裡可以看到一點蛛絲馬跡。他曾垂釣於濮水，可能是為了轆轆飢腸；他也曾同弟子行於山中，可能是砍樵換米。儘管莊子如此辛苦，挨餓的時候也是有的。據《莊子‧外物》記載：

> 莊周家貧，故往貸粟於監河侯。監河侯曰：「諾，我將得邑金，將貸子三百金，可乎？」莊周忿然作色曰：「周昨來，有中道而呼者。周顧視車轍中，有鮒魚焉。周問之曰：『鮒魚來，子何為者邪？』對曰：『我，東海之波臣也。君豈有斗升之水而活我哉？』周曰：『諾，我且南遊吳越之王，激西江之水而迎子，可乎？』鮒魚忿然作色曰：『吾失我常與！我無所處，吾得斗升之水然活耳。君乃言此，曾不如早索我於枯魚之肆！』」

雖然莊子窮到了告貸無門的地步，但是仍然對監河侯的無理予以辛辣的諷刺。

莊子告貸，監河侯非但不予救濟，反而以其將得封邑百姓之租稅傲人，並以「將貸子三百金」戲弄莊子。由此可見當時統治者對不跟他們同流合汙的士人的敵視和仇恨。一個正直的知識分子要保持清白而不喪失品格，又是多麼艱難！

莊子「忿然作色」回擊監河侯。他說，昨天於車轍中見一鮒魚，為「東海之波臣也」，欲求斗升之水活命；而他稱要南遊吳越之王，然後激西江之水迎鮒魚回東海。這實際是見死不救，因此遭到鮒魚「曾不如早索我於枯魚之肆」的痛斥。莊

一、貧賤不能移

子用這則寓言,揭露了統治者對正直清白不為其所用之士趕盡殺絕的狼子野心。

在窮困潦倒的生活中,莊子清楚自己食不果腹、衣不蔽體的原因。《莊子·山木》中記載說:

莊子衣大布而補之,正廢繫履而過魏王。魏王曰:「何先生之憊邪?」莊子曰:「貧也,非憊也。士有道德不能行,憊也;衣弊履穿,貧也,非憊也,此所謂非遭時也。」

「非遭時也」,一語道破真機!

身上穿著打了補丁的粗布衣衫,腳上是一雙麻繩綁著的草鞋,而莊子這衣履不完的樣子,魏王認為其是「憊」,莊子則自稱是「貧」。莊子透過對「憊」和「貧」的辨析,表現了其「貧賤不能移」的高貴品格。他清醒地知道,他的貧困是他所處的那個黑暗社會的「昏上亂相」造成的。

第一章　從人生如戲到自在從容

二、遊戲人生

黑暗社會的壓迫和貧窮的困擾，是一般人難以忍受的，但是這對莊子來說並不算什麼。衣履不完、飢腸轆轆，改變不了他豁達樂觀的態度。在主觀世界裡，莊子常常幻想「乘雲氣，騎日月，而遊乎四海之外」；在現實生活中，莊子與朋友和弟子交遊，充滿了藝術情趣。

惠子是莊子的老朋友，二人過從甚密，友誼很深。他們共同探討哲學，切磋思索，有時還進行辯論。《莊子‧秋水》中記載：

莊子與惠子遊於濠梁之上。莊子曰：「儵魚出游從容，是魚之樂也。」惠子曰：「子非魚，安知魚之樂？」莊子曰：「子非我，安知我不知魚之樂？」惠子曰：「我非子，固不知子矣。子固非魚也，子之不知魚之樂，全矣。」莊子曰：「請循其本。子曰『汝安知魚樂』云者，既已知吾知之而問我。我知之濠上也。」

在這裡，與其說是兩人爭論認識上的感知問題，還不如說是欣賞水中之魚。「我知之濠上也」，唯莊子能出此妙語！惠子是名家的代表人物，好與人辯論「堅白同異」等邏輯問題，多占上風，但他哪裡是莊子的對手。

惠子死後，有一次莊子經過他的墓地，大動懷舊之情，就告訴隨從的人一個「運斤成風」的故事。故事中有個楚國人

二、遊戲人生

鼻子上塗了一點薄如蠅翅的白粉，請一位名叫石的工匠用斧子砍下去。匠石掄圓斧子一下子砍去，楚國人泰然自若，白粉被削得一乾二淨，鼻子一點也沒受傷。宋元君聞知此事也要試試，就把匠石請入宮中。匠石說：「我是有這樣的本事，不過我的老搭檔死了，再也沒人能跟我配合了。」惠子生前，莊子跟他辯論時感到充滿了活力和智慧，而今惠子的離去讓莊子感到了孤獨和悲涼。

自春秋時期孔子開創私人收徒講學之風氣以來，學者紛紛效法。到戰國時期，學術思想派別已號稱「百家」。莊子祖述老子的學說，為戰國時期道家的代表人物，其學問博大精深，當然也有弟子相隨問學。莊子同弟子的關係特別融洽，弟子有疑問，他總是以妙語作答。

據《莊子・山木》所述：一次莊子行於山中，見到一株枝繁葉茂的大樹，而伐木者只是停在樹的周圍並不動手。莊子上前問其緣由，伐木者答曰：「（這棵樹）沒有什麼用處。」莊子說：「這株大樹因其不成材而得以終其天年。」莊子出山後住在老朋友家裡，主人命僕人殺鵝款待。僕人請示說：「一隻鵝能鳴叫，一隻鵝不能鳴叫，請問該殺哪一隻？」主人說：「殺那隻不能鳴叫的。」次日，莊子的弟子問莊子說：「昨天山中之木因為不成材而得以終其天年，今日主人之鵝因不成材（即不能鳴叫）而死。先生您將做何選擇？」莊子會心一笑說：「周將處乎材與不材之間。」

第一章　從人生如戲到自在從容

　　與朋友相處，其樂融融；與弟子相處，亦其樂融融。莊子不僅有一代哲人的天才智慧，還有普通人對人生的摯愛。在現實生活中，他瀟灑而不失天真，詼諧而不失機智，其風範對後世文人影響很大。

三、超世脫俗

身為當時最負盛名的學者和道家的代表人物，莊子也曾與諸侯交接，比如他「衣大布而補之，正廢（ㄒㄧㄝˊ）繫履而過魏王」，往見魯哀公、趙文王。不過莊子往見的目的，不是求職謀官，而是去教訓他們。至於諸侯以高官厚祿相誘，他是從來不買帳的。

司馬遷在《史記‧老子韓非列傳》中記載說：

楚威王聞莊周賢，使使厚幣迎之，許以為相。莊周笑謂楚使者曰：「千金，重利；卿相，尊位也。子獨不見郊祭之犧牛乎？養食之數歲，衣以文繡，以入大廟。當是之時，雖欲為孤豚，豈可得乎？子亟去，無汙我！我寧遊戲汙瀆之中自快，無為有國者所羈，終身不仕，以快吾志焉。」

這段記載的內容皆出自莊子的著作而略有出入。司馬遷從《莊子》一書中選出這樣的故事寫進《史記》，是獨具匠心的。

千金厚幣，不為不重；卿相之位，不為不尊：二者都是多少人夢寐以求而無法得到的。很多人為此出賣靈魂、出賣品格，甚至鋌而走險，不惜以身家性命為代價。但是在莊子看來，千金猶如糞土，位居卿相就像做了郊祭之牲而任人宰割。以個人的自由甚至身家性命去換取功名利祿的人，是再愚蠢不過的了。

第一章　從人生如戲到自在從容

　　莊子終身不仕，就是為了保持獨立的人格和自由。對「無為有國者所羈」、「以快吾志」二者之間的因果關係，莊子是非常清楚的。唯其如此，莊子才笑對諸侯，終身甘居草澤。

　　莊子不僅對現世的功名利祿視之如敝屣（ㄒㄧˇ），對傳統的禮法制度也不屑一顧，有驚世駭俗之舉。

　　按照傳統的禮法制度和習俗，喪葬是一件大事。根據文獻記載和考古發現，中國在戰國時期還存在著野蠻的殉葬制度，貴族、富豪死後都要用大量的珍貴物品隨葬。貪生怕死是當時社會的一種普遍心理。

　　莊子認為，天地萬物皆生於道，人也同樣。因此，他把人的生死比作天之晝夜，生叫做「天行」，死叫做「物化」或「懸解」，一切都是自然而然的事情。人生於道而死後歸之於道，所以，樂生惡死實在沒有必要。尤其是人幻想死後還享受生前的快樂，實在是愚蠢極了。

　　正因為有著這樣豁達的生死觀，莊子在妻子死後，竟箕踞鼓盆而放聲高歌，為妻子的「懸解」而深感欣慰。他自己臨死之前，聽到弟子們要厚葬他，就說：「我以天地為棺槨，以日月為連璧，以星辰為珠璣，以宇宙間萬物為隨葬品。如此，我的葬具齊備，我還需要什麼其他的東西呢？」

　　生不足戀，死不足懼，兩相比較，死並沒有什麼不好。

一次，莊子到楚國去，路上見到一具髑髏，問之不應，就援之為枕而睡去。夜半，髑髏託夢於莊子說：「死後上無君下無臣，四時的勞作也都不做了。死後與天地共存，其快樂是活著南面稱王都無法相比的。」莊子在這裡表現了他對生死的達觀。說者或據此指責他消極厭世，未免失之偏頗。

　　莊子品格高潔，卓然獨立於世。其生平事蹟別具傳奇色彩，可惜所存史料不多，實為千古憾事。好在他的一部洋洋灑灑的大著比較完整地流傳了下來，可使我們在兩千多年後的今天跟他溝通，並從中領略他那博大的胸懷和照人的風采，從中探尋智慧的寶藏。

第一章　從人生如戲到自在從容

第二章　與道同行的境界

在漢語中,「道」是一個義項較多、使用頻率相當高的詞。這其中的原因,恐怕與漢民族的文化特點有關。在漢民族的傳統文化中,「道」有著特殊的地位。做人有做人之道,治學有治學之道,養生有養生之道,如此等等,人們執著於對「道」的追求。漢民族重「道」的文化特點,還影響到其他民族和國家,例如日本,有書道、茶道等。現代日本圍棋界,還出現了一個「求道派」,例如武宮正樹的「宇宙流」。

但在中國思想史上,「道」不是道術的意思,而是一個哲學範疇,並且在不同的學派中有不同的含義。孔子說「朝聞道,夕死可矣」,是說如果早晨聞知了道,就是晚上命歸黃泉也心滿意足了。可見,孔老夫子是個求道派,也是個殉道派。莊子和老子,都把「道」推到至高無上的地位,作為他們各自的思想體系的核心,以致後世老、莊並稱,其學派在中國思想史上獨樹一幟,名之曰「道家」。

莊子繼承了老子的道,但有所創新。大體上說,莊子論道,不像老子那樣重視道的本體、重視道在宇宙生成過程中的作用,而是把道化為一種人生可以達到的境界——一種空靈明淨的境界。更有意義的是,莊子具體描繪了道的境界,分析了修道的過程,介紹了修道的方法,還刻劃了一些栩栩如生的得道者形象。莊子的哲學,實際是人生哲學。

第二章　與道同行的境界

一、道與道的境界

《莊子》論道的本體，文字不多，且散見於全書各篇，比較集中的是〈大宗師〉中的一段，摘錄如下：

夫道有情有信，無為無形；可傳而不可受，可得而不可見；自本自根，未有天地，自古以固存；神鬼神帝，生天生地；在太極之上而不為高，在六極之下而不為深，先天地生而不為久，長於上古而不為老。

這段話對道的描繪相當完整，但比較抽象，我們還是連繫莊子對道的其他論述來分析。

「道有情有信，無為無形」，關鍵是「情」、「信」二字。〈齊物論〉中說「可行已信，而不見其形，有情而無形」，指的就是道。其中「已信」對「其形」，「有情」對「無形」。〈秋水〉中河伯問：「至精無形，至大不可圍，是信情乎？」成玄英疏云：「信，實也。」〈應帝王〉中蒲衣子說泰氏「其知情信，其德甚真」，成玄英疏云：「信，實也。」上引三例，均證「情」、「信」同為「真實」之意。「無為」，即無所作為；「無形」，即看不見、摸不到。這句話的意思是說，道雖然無所作為，看不見、摸不到，但它是真實存在的。

「可傳而不可受，可得而不可見」，這話似乎有矛盾。〈知北遊〉中無始說：「道不可聞，聞而非也；道不可見，見而非

一、道與道的境界

也；道不可言，言而非也。」又說：「有問道而應之者，不知道也。」道不可聞、不可見、不可言，有人問也不能應，靠什麼手段傳呢？我們看一個傳道的例子吧。〈人間世〉中，孔子對顏回說：「若一志，無聽之以耳而聽之以心，無聽之以心而聽之以氣。聽止於耳，心止於符。氣也者，虛而待物者也。唯道集虛。虛者，心齋也。」顏回聽後習之，果然得道。由此可見，傳道是傳得道之術，受道是受得道之術。道雖然不可見，但學到得道之術，透過修養，就可以得道。

「自本自根，未有天地，自古以固存」，是說：道是永恆的、自生自存的，只知道它在沒有天地之前就存在了，而不知道它的起始。道無始無終。哲學家們總喜歡追求世界的本原，但莊子不以為然。〈齊物論〉中說「有未始有夫未始有始也者」、「有未始有夫未始有無也者」。從道的角度看，本無所謂始，當然也無所謂終；所以，追求始終是徒勞的。

「神鬼神帝，生天生地」，著重強調道的力量和作用。殷、周以來流行的神創世說，在這裡受到了挑戰。那一向被認為神通廣大的鬼和天帝，其神通遠遠不及於道。那一向受人跪拜的天地，也是道的產物。

「在太極之先而不為高，在六極之下而不為深，先天地生而不為久，長於上古而不為老。」「太極之先」，即太極之上；「六極」，東西南北上下的極限。郭象解釋這句話說：「言道之無所不在也，故在高為無高，在深為無深，在久為無久，在

第二章　與道同行的境界

老為無老。無所不在,而後在皆無也。」郭說可從。概言之,道是越乎時空的。

道不僅「生天生地」就了事,還產生萬物。在〈知北遊〉中,孔子問道於老聃,老聃說:

> 夫道,窅(一ㄠˇ)然難言哉!將為汝言其崖略:夫昭昭生於冥冥,有倫生於無形,精神生於道,形本生於精,而萬物以形相生。故九竅者胎生,八竅者卵生。其來無跡,其往無崖,無門無房,四達之皇皇也。

「窅然」,深遠的樣子;「崖略」,大概。老子說「道可道,非常道」,莊子說「昭而不道」,二人都認為道不可言。老聃即老子。老子在這裡說「夫道,窅然難言哉」,也是講道難以用語言表達,不得已而言之,他也只能跟孔子講個大概。「昭昭」,形容明亮;「冥冥」,形容昏暗。從宇宙的生成和發展過程來看,開天闢地、萬物演化的景象,是從混混沌沌的遠古演變而來。有形之物從無形中來,精神生於道,形又生於精神,萬物又以各種形態相互轉化。所以,九竅的人和動物是胎生的,八竅的動物是卵生的。而道本身則來無蹤跡、漫無涯際,沒有來源,也沒有歸宿,無所不通,無限寬廣。

老子論道生萬物,不是直接生出萬物,而是賦予萬物以神。「萬物以形相生」,道是原動力。萬物互相轉化,道不離其宗,所以,道不像霹靂閃電那樣捉摸不定,也不是空中樓

一、道與道的境界

閣而高不可攀。在〈知北遊〉中，東郭子向莊子問道，兩人有一段對話如下：

東郭子問於莊子曰：「所謂道，惡乎在？」

莊子曰：「無所不在。」

東郭子曰：「期而後可。」

莊子曰：「在螻蟻。」

曰：「何其下邪？」

曰：「在稊稗。」

曰：「何其愈下邪？」

曰：「在瓦甓（ㄆㄧˋ）。」

曰：「何其愈甚邪？」

曰：「在屎溺。」

東郭子不應，莊子曰：「夫子之問也，固不及質。正獲之問於監市履狶也，『每下愈況』。汝唯莫必，無乎逃物。至道若是，大言亦然。」

道無形而不可見，東郭子不知道在哪裡。當莊子告訴他「無所不在」時，他仍不明白，便要莊子舉個例子。莊子依次舉螻蟻、稊稗、瓦甓、屎溺為例，東郭子覺得一個比一個卑下。莊子見東郭子「拘於形」而不能自拔，問話也問不到點子上，只好換了一個角度舉例說：司正、司獲二人問負責市場管理的「監市」怎樣測知豬的肥瘦，「監市」告訴他們「每下愈

025

第二章　與道同行的境界

況」,即用腳去踩豬腿,豬腿越往下,越能反映豬的肥瘦。莊子借「每下愈況」這個例子,說明道在屎溺那樣卑下的東西中都存在,當然是「無所不在」了。因此,莊子要東郭子不要絕對化,不要以為道像實體物質那樣僅存在於某一特定的空間,因為道內化於物之中。

道無所不在,大到「太極之先」、「六極之下」,小到螻蟻、稊稗、瓦甓、屎溺之中。物離不開道,道也離不開物。

莊子身為哲學家,把目光投向無限的時空,但他不把探求宇宙的本原及其發展作為終極目標,而是把道化為心靈的境界,把道作為解決現世人生問題的法寶。人一旦得道,精神就會無限昇華,從而向宇宙無限擴展。

道的境界是奇幻無比的,人活躍於其中。茲舉例如下:

乘天地之正,而御六氣之辯,以遊無窮。(〈逍遙遊〉)

乘雲氣,御飛龍,而遊乎四海之外。(〈逍遙遊〉)

至人神矣!……若然者,乘雲氣,騎日月,而遊乎四海之外,死生無變於己。(〈齊物論〉)

聖人不從事於務……而遊乎塵垢之外。……旁日月,挾宇宙。(〈齊物論〉)

芒然彷徨乎塵垢之外,逍遙乎無為之業。(〈大宗師〉)

乘夫莽眇之鳥,以出六極之外,而遊無何有之鄉,以處壙埌之野。(〈應帝王〉)

一、道與道的境界

據以上所引,活躍在道的境界中的是人,不是凡夫俗子,而是「至人」或「聖人」。所乘御的對象名稱不一,或抽象為「天地之正」、「六氣之辯」,或具體為「雲氣」、「飛龍」、「日月」,但都是「莽眇之鳥」。所遊之處,不管是「塵垢之外」,還是「四海之外」,都是「無何有之鄉」。可見,在道的境界中,除了人是真實的,其他一切都是虛擬的或虛化的。所以,道的境界不存在於客觀世界,而存在於得道者的心中,是人生的最高境界,即人的主觀精神擺脫了客觀束縛所達到的最高境界。

在現實生活中,人們常常為生活空間的狹小而苦惱,為理想的破滅而壓抑,為匆匆白了少年頭而感傷。更有生活的重負、工作的繁忙、人際關係的微妙等,壓得人透不過氣來。這些在人世間無法解決的問題,在人進入道的境界後都不復存在了。人的精神從封閉的狀態下解放出來,到無限的時空中盡情飛揚。

在充滿自由的道的境界裡,人終於打碎了一切精神枷鎖,現實生活中失去的東西,在精神上得到了補償。所以,莊子所描繪的道的境界,開拓了人的精神活動空間,對失去了自由的芸芸眾生有極大的吸引力。

第二章　與道同行的境界

二、修道的過程

　　道為人生展示了無限的光明，於是，人就把道當作最高目標去追求。

　　在〈大宗師〉中，女偊得道了，雖年長但相貌顯得非常年輕。南伯子葵便向女偊問道，女偊為他講了修道的過程。女偊說：

　　夫卜梁倚有聖人之才而無聖人之道，我有聖人之道而無聖人之才。吾欲以教之，庶幾其果為聖人乎？不然，以聖人之道告聖人之才，亦易矣。吾猶守而告之，參（通「三」）日而後能外天下；已外天下矣，吾又守之，七日而後能外物；已外物矣，吾又守之，九日而後能外生；已外生矣，而後能朝徹；朝徹而後能見獨；見獨而後能無古今；無古今而後能入於不死不生。

　　「守而告之」，舊說女偊守卜梁倚而告之，聞一多先生校為「告而守之」，與下文「吾又守之」文法一致，其說至精。在說修道的過程以前，女偊要南伯子葵先消除一個誤解。他舉例說，卜梁倚有聖人之才，他要用聖人之道對其教誨，人們就以為卜梁倚或許由此得道而成為聖人，其實不然。因為道無形無名，「可傳而不可得」。他強調修道重在「守」字，告訴卜梁倚自己對修道過程的體驗：「守」了三天之後，就把天下置之度外了；然後又「守」了七天，就把人間一切事物都置

二、修道的過程

之度外了;然後又守了九天,就把生命置之度外了;一旦把生命置之度外,心靈就像早晨旭日東昇的萬里晴空一樣,清澈明朗,豁然貫通。進入這一境界,就能見到無為的大道,突破時空的限制,無所謂古今生死,與大道永存。

由此可見,修道的關鍵在於「守」的功夫。「守」,然後才能「外」,前者是手段,後者是目的。在〈知北遊〉中,大馬之捶鉤者年已八十高齡,但鍛造出來的鉤尖如毫芒。他向大馬,即大司馬介紹自己的經驗說:

臣有守也。臣之年二十而好捶鉤,於物無視也,非鉤無察也。

這捶鉤者的「守」,就是「於物無視也,非鉤無察也」,即把精力全部集中在捶鉤上。修道的「守」也是如此,心志純一,收視反聽,守心性而不務外。打個比方,修道就像作戰守城,把「天下」、「外物」、「生死」、「古今」等一切都看作敵人,一個也不放進來。

女偶所述修道的過程,論者或分析為修道的七個層次。其說可商。修道要「守」,以得道為最高目標。「守」到「外生」階段,就進入「朝徹」境界,在這個境界裡,就見到大道了。所以,「外生」以後,就不再出現「守」字。「朝徹」、「見獨」、「無古今」、「不死不生」,共同構成修道的最高層次,是從不同方面對得道時所呈現出來的心態的描寫。這樣看來,

第二章　與道同行的境界

修道的過程只有三個層次:「外天下」為第一個層次,「外物」為第二個層次,「外生」為第三個層次——最高層次。

「外天下」,即「遺其世故」,擺脫各種社會關係的束縛。換言之,就是不追求個人的社會價值,拋棄功名。在〈田子方〉中,孫叔敖做令尹,三起三落而不喜不憂。肩吾對此疑惑不解,孫叔敖就對他說:

> 吾何以過人哉!吾以其來不可卻也,其去不可止也。吾以為得失之非我也,而無憂色而已矣。我何以過人哉!且不知其在彼乎?其在我乎?其在彼邪亡乎我,在我邪亡乎彼。方將躊躇,方將回顧,何暇至乎人貴人賤哉!

孫叔敖聲稱自己與常人實無兩樣,只是把令尹之位看作來不可卻、去不可留而已,因而三去令尹而面無憂色。但他的思考方式很特殊,他不知道得失發生在令尹之位上還是他自己身上。如果發生在令尹之位上,就與他本人無關;如果發生在他本人身上,就與令尹之位無關。他在主觀上把他本人和令尹之位截然分開,是由於他守其心性而進入了「外天下」的境界。問題不在於令尹之位客觀上的得與失,而在於其主觀上的得與失。所以,孫叔敖非但「面無憂色」,還「方將躊躇,方將回顧」,如同解牛的庖丁,從容自得向四處張望。

「外物」,即「不為物役」,不沉湎於財貨、飲食、男女、聲色之中,超然物外。在〈知北遊〉中,齧缺向被衣問道。被衣說:

二、修道的過程

若正汝形,一汝視,天和將至;攝汝知,一汝度,神將來舍,德將為汝美,道將為汝居。汝瞳焉如新生之犢而無求其故。

被衣的話剛說到一半,齧缺竟呼呼地睡著了。被衣見狀大喜,就一邊唱歌一邊離去。歌詞如下:

形若槁骸,心若死灰,真其實知,不以故自持。媒媒晦晦,無心而不可與謀。彼何人哉!

被衣向齧缺傳道,一要齧缺端正形體,集中視覺,自然和順就會到來;二要齧缺收斂心智,不辨萬物,神明就會到來。只要齧缺做到這兩點,就會美德在身,修得大道,就會像初生的牛犢一樣,懵懵懂懂地拜四方而不求何故。齧缺睡去,是得道之兆,故被衣高興地唱起歌來。

被衣唱的歌,描繪的是得道而酣睡的齧缺:形體像枯骨一動不動,心神如死灰平靜無息;真正領悟了大道的真實,不再守成見而固守一端;懵懵懂懂,內心虛寂,誰也不能與之謀事。齧缺進入的境界,就是「外物」的境界。

歌詞最後一句「彼何人哉」,是被衣的感慨,得道前後的齧缺判若兩人。這情形,正像〈齊物論〉中隱几而坐的南郭子綦,「仰天而噓,嗒焉似喪其耦」,形如槁木而心如死灰,令顏成子游感嘆「今之隱几者,非昔之隱几者」也。

031

第二章　與道同行的境界

「外生」就是不計生死。在〈田子方〉中，有下面這樣一個驚險故事：

列禦寇為伯昏無人射，引之盈貫，措杯水其肘上，發之，適矢復沓，方矢復寓。當是時，猶象人也。伯昏無人曰：「是射之射，非不射之射也。嘗與汝登高山，履危石，臨百仞之淵，若能射乎？」於是無人遂登高山，履危石，臨百仞之淵，背逡巡，足二分垂在外，揖禦寇而進之。禦寇伏地，汗流至踵。伯昏無人曰：「夫至人者，上窺青天，下潛黃泉，揮斥八極，神氣不變。今女怵然有恂目之志，爾於中也殆矣夫！」

列禦寇，就是〈逍遙遊〉中那個「御風而行，泠然善也」的列子。故事的大意是，列子把弓拉滿，肘上放一杯水，一箭接一箭地嗖嗖射去，箭箭命中並且依次並排於目標上。射箭時的列禦寇，鎮定如木偶一般。但伯昏無人對列禦寇如此神功，認為只是有心之射，還不是無心之射。他要與列禦寇一起登上高山，臨百仞之深淵，踏懸崖之危石，看看列禦寇還能不能射箭。他先行一步登上高山，身臨百仞之淵，腳踏懸崖之石，背向深淵一步步後退，一直退到腳後跟懸空二分了才停下來。他從容地向列禦寇作了一個揖，要列禦寇向前。可是列禦寇早就嚇壞了，趴在地上不敢前進，汗水流至腳後跟。看到列禦寇狼狽不堪，伯昏無人說：「至人上窺見青天，下潛入黃泉，奔馳八方，神色不變。而你此時嚇得心神

二、修道的過程

不定,是很難射中目標的。」

伯昏無人與列禦寇競射,實際上是得道者與技高者之間的較量,「道進乎技」。伯昏無人已進入「外生」的境界,因而具有超人的勇氣,而列禦寇技雖高但顧慮生死,故在「百仞之淵」邊俯首稱臣、甘拜下風。得道者「無心」,技高者「有心」,「無心」的境界是「有心」者不可企及的。

清晨,一輪紅日從東方冉冉升起,碧空如洗,滿眼盡是金燦燦的陽光,這就是「朝徹」的景象,比喻人在掃除一切欲念之後心靈所呈現出來的清澈空明的狀態。此時,人才真正從外在的壓力和內心的苦惱中解脫出來,從價值轉向生命。所以,在「朝徹」的境界裡,人終於「喪其耦」而「見獨」,即看見了獨一無二的大道。此時,人的精神才真正獲得了解放,從有限的時空進入無限的時空。所以,在「朝徹」的境界裡,根本不存在古今、生死的困擾。

修道的過程是簡短的,但得道者的精神將獲得永恆。

第二章　與道同行的境界

三、修道的方法

莊子所論修道的方法，是具體的養生方法的昇華，二者是相通的。例如，〈齊物論〉中的「喪我」、「喪其耦」，〈人間世〉中的「心齋」，〈大宗師〉中的「坐忘」、「息之以踵」，〈刻意〉中的「養神之道」等，既是養生方法又是修道方法。這些，我們在論養生之道時將要論及，故在此不贅述。這裡，我們只介紹一個具體談修道的例子。

在〈田子方〉中，孔子見老聃，五問五答，老聃比較詳細地介紹了怎樣把修道的方法具體運用於修道的過程。

孔子初見老聃，老聃剛剛洗過頭，正披散著頭髮在晾乾，一動不動地像木偶。見此情景，孔子只好退到門外等著。過了一會，孔子進門拜見，於是開始了兩人的第一次對話：

（孔子）曰：「丘也眩與？其信然與？向者先生形體掘若槁木，似遺物離人而立於獨也。」老聃曰：「吾遊心於物之初。」

孔子看到老聃在晾頭髮時，身體直立靜如枯木，好像超然物外而游離於人間，立身於「獨」。老聃這樣子，使孔子不知道是他自己眼睛花了還是果真如此，於是發問。老聃解釋說，他正遊心於萬物的初始。

「獨」是〈大宗師〉中「見獨」的「獨」，指獨一無二的大

道,與「喪耦」的「耦」相對。「耦」通「偶」,即偶像,指用泥土、木頭等雕塑而成的人像。「物之初」,也指大道。從宇宙的生成過程追溯,天地萬物皆生於道,故稱之為「物之初」。道無形無名,「自本自根」。老聃以「遊心於物之初」回答孔子所問的「立於獨」,以說明自己用心於虛無之道。

第二次,孔子問什麼是「物之初」,老聃答之。二人對話如下:

孔子曰:「何謂邪?」曰:「心困焉而不能知,口辟焉而不能言。嘗為汝議乎其將:至陰肅肅,至陽赫赫。肅肅出乎天,赫赫發乎地。兩者交通成和而物生焉,或為之紀而莫見其形。消息滿虛,一晦一明,日改月化,日有所為而莫見其功。生有所乎萌,死有所乎歸,始終相反乎無端,而莫知乎其所窮。非是也,且孰為之宗!」

老聃答孔子何謂「物之初」無一「道」字,但句句言道。「心困焉而不能知,口辟焉而不能言」,是說一切無心,故心似困頓而不能知曉;大道不言,故口似緊閉而不能申說。「將」是大概的意思。「議乎其將」,就是談一談大概。老聃是從三個方面解釋「物之初」的。

「至陰」指陰氣,「至陽」指陽氣。「肅肅」形容陰氣寒冷,「赫赫」形容陽氣熾熱。寒冷的陰氣出於天,熾熱的陽氣出於地,例如:雨雪自天而降,太陽從地平線上升起。故陰陽二氣交會融合,寒暑交替,風調雨順,萬物滋生繁茂。有個東

第二章　與道同行的境界

西在支配著至陰至陽，但誰也沒見過它是什麼形狀。

「消息滿虛，一晦一明，日改月化」，說的是客觀世界的發展變化。萬物的死生盛衰，晝夜交替，日遷月移，有個東西無時無處不有所作為，但誰也沒見到它用功。

「生有所乎萌，死有所乎歸，始終相反乎無端」，具體解釋「物之初」。萬物生有來源、死有歸宿，但始終、生惡性循環往復，既沒有開端，也沒有盡頭。作為萬物的來源和歸宿，誰也不知道它何時窮盡。「非是也，且孰為之宗」，是說作為萬物的來源和歸宿，它就是萬物的老祖宗，除此而外誰也不配。

這萬物的老祖宗，老聃稱之為「物之初」，就是虛無的大道。大道雖然「無為而無不為」，無時不在，無所不在，大至「太極之先」、「六極之外」，小到螻蟻、稊稗、屎溺，生成天地萬物並支配它們執行，但它自身是虛無的，故無形、無功、無窮，超乎時空。

第三次，孔子問老聃遊心於虛無時的心境，老聃答之。二人對話如下：

孔子曰：「請問遊是。」老聃曰：「夫得是至美至樂也。得至美而遊乎至樂，謂之至人。」

「遊是」，即「遊心於物之初」，遊心於虛無。在虛無的境界裡，人萬念俱消，心淨如洗。「至美至樂」出自虛無。

三、修道的方法

因為虛無之道本身是「至美」的,「至美」的當然是「至樂」的。人一旦虛心若鏡,就超越了世俗從感官刺激上對美、樂的追求,而步入「至美至樂」的境界。〈知北遊〉中說「聖人者,原天地之美」,又說「天地有大美而不言」,又說「德將為汝美」,可見道是美的,道所生的天地和人的自然天性也是美的。

「得是至美至樂也」,是莊子對虛無的心境所做的藝術描繪。「至美」如上述。「至樂」產生於「至美」。〈天道〉中有「天樂」,說「與天和者謂之天樂」,又說「知天樂者,其生也天行,其死也物化」。「天樂」即「至樂」,《莊子》中有一篇〈至樂〉,以「無為」為「至樂」。無為則無所憂慮、無所懼怕,就能使自己的心靈淨如高山的清泉,滌蕩一切汙濁,映照出自然界的美好風光。

道的境界是「至美至樂」的境界,對道的追求,就是對「至美至樂」的追求。得道即得到了人生最美好的東西,實現了人生的最高目標,故云:「得至美而遊乎至樂,謂之至人。」「至人」,即得到「至美至樂」的人。

第四次,孔子向老聃請教達到「至美至樂」的境界的方法,老聃教之。二人對話如下:

孔子曰:「願聞其方。」曰:「草食之獸,不疾易藪;水生之蟲,不疾易水。行小變而不失其大常也。喜怒哀樂不入

第二章　與道同行的境界

於胸次。夫天下也者,萬物之所一也。得其所一而同焉,則四支百體將為塵垢,而死生終始將為晝夜,而莫之能滑,而況得喪禍福之所介乎!棄隸者若棄泥塗,知身貴於隸也。貴在於我而不失於變。且萬化而未始有極也,夫孰足以患心!已為道者解乎此。」

老聃先打比方說,吃草的動物不怕變換草澤,生在水中的蟲子不怕變換水域。這是因為牠們的生活環境雖有變化,但基本生活條件相同。同理,人所處的環境無論怎樣變化,但萬變不離大道。所以,人不能因客觀變化而喜怒哀樂。他進而論證說,天下萬物統一於道,得之便對萬物一視同仁。以道觀之,人的四肢百體無異於塵垢,死生終始無異於晝夜的變化,根本沒有什麼東西足以擾亂人心,更談不上什麼得失禍福。

「喜怒哀樂不入於胸次」,就是「得至美而遊乎至樂」的方法。有人或問,喜怒哀樂一概排斥,樂也不能入於胸次,怎麼會「得至美而遊乎至樂」呢?其實道理很簡單,「至美」的道本是人生的最高精神境界,是一虛再虛而產生的。所以,「得至美而遊乎至樂」的「樂」,是在人的空靈純淨的心靈中自生的;而喜怒哀樂的「樂」,是人的感官受外物刺激而產生的。

「棄隸者若棄泥塗,知身貴於隸也。」「隸者」,說者或解之為「僕隸」,乃望文生義。上言萬物齊一。人的形體和生命,皆源於大道而歸於大道,「質本潔來還潔去」,所以生死

038

三、修道的方法

只是道的一個過程、一個環節。以道觀之,天下萬物都像沾在人身上的泥巴,務必棄絕。由此可證,「隸者」指一切身外之物。「身貴於隸」,與上文「四支百體將為塵垢」並不矛盾。「四支百體將為塵垢」,是從道與其所生的天地萬物的關係說的,因為人也生於道而歸於道。「身貴於隸」,是從修道過程中人與外物的關係說的,因為人是修道的主體。這兩點是修道必須掌握的原則,對修道者不僅僅有方法論上的意義。

第五次,孔子以為老聃因「修心」而得道,老聃為他介紹「無為」之術。二人對話如下:

孔子曰:「夫子德配天地,而猶假至言以修心。古之君子,孰能脫焉!」老聃曰:「不然。夫水之於汋也,無為而才自然矣;至人之於德也,不修而物不能離焉。若天之自高,地之自厚,日月之自明,夫何修焉!」

孔子欽佩老聃德合天地,但誤以為老聃還藉助聖人之言修養心性。他因此認為,古代的君子,因其至人不能同日而語,故無一免於藉助聖人之修養心性。

老聃見孔子仍不覺悟,就解釋說:「至人之德即自然之道,本來就貫通萬物,因而無須有意培養,萬物本就離不開它。」其道理就像水一樣,水的本性就是清澈的。「無為而才自然」,是說水越是靜止不動,越能表現它清澈的自然本性。

039

第二章　與道同行的境界

老聃反覆舉例，說至人之德，「若天之自高，地之自厚，日月之自明」，道理更明顯了：至人之德就是「無為」，一切出於自然、順應自然，就像天之自然高、地之自然厚、日月之自然明一樣，無須任何人為的修飾。

老聃把修道之術概括為「無為」，即保持人的自然天性而不失之，就能得道；得道者就像出水的芙蓉，「天然去雕飾」。

孔子之所以誤解老聃，可能是由於兩人對「德」有不同理解。老聃所說的是「至人之德」，即人的自然天性，是與生俱來的；而孔子所說的「德」，是後天培養起來的，打著社會的烙印。

看來，如果你要打開道的大門，「無為」是唯一的一把鑰匙。如何做到「無為」？老子有「日損」之法。《老子》第四十八章中說：「為道者日損，損之又損，以至於無為，無為而無不為也。」「日損」，即一天天地拋棄功名利祿等雜念，直到「虛心若鏡」，就得道了。

四、得道者的形象

莊子本人就是得道者，他把道推向無限的時空，又把道化為人生的最高境界。同時，他又以藝術的心態去觀賞那虛無的大道，從道的無為自然中發現了「至美至樂」的光輝。他與道同遊而俯視人間，以哲學家的睿智和藝術家的想像，塑造了一個個行道者形象，啟迪世人的靈魂。

我們前面所舉的踵懸百仞之淵的伯昏無人、無心而睡的齧缺、為令尹三起三落而不喜不憂的孫叔敖、年長而面色若處子的女偊等，都是得道者。下面，我們再舉一些。

在〈知北遊〉中，「知」是虛構的人物，他遊歷山川而訪道問道。文中有下面這樣一個故事：

知北遊於玄水之上，登隱弅之丘，而適遭無為謂焉。知謂無為謂曰：「予欲有問乎若：何思何慮則知道？何處何服則安道？何從何道則得道？」三問而無為謂不答也。非不答，不知答也。知不得問，反於白水之南，登狐闋之上，而睹狂屈焉。知以之言也問乎狂屈。狂屈曰：「唉！予知之，將語若，中欲言而忘其所欲言。」知不得問，反於帝宮，見黃帝而問焉。黃帝曰：「無思無慮始知道，無處無服始安道，無從無道始得道。」知問黃帝曰：「我與若知之，彼與彼不知也，其孰是邪？」黃帝曰：「彼無為謂真是也，狂屈似之，我與汝終不近也。」

第二章　與道同行的境界

　　「玄水」是虛設的水名;「隱弅」是虛設的地名;「無為謂」是虛設的人名。這故事以知三次問道為線索。第一次是知向北遊歷到玄水之旁，登上了隱弅之地的山丘，恰好遇上了無為謂。知向無為謂請教：怎樣思考謀慮才能懂得道、怎樣立身行事才能掌握道、透過什麼途徑才能獲得道。但他連問三次，無為謂一聲不答。不是不答，是不知道要回答，道本不可言。

　　知不得其問，只好返回白水之南，登上狐闋山，在那裡見到了狂屈。知就把以前問無為謂的問題，照搬出來問狂屈。狂屈答應了一聲，說他知道知提出的問題，要跟知講一講，但他話說到這裡就中止了，想說而不能，因為他已把要說的話忘了個乾乾淨淨。知第二次仍不得其問。

　　萬般無奈，知只好回到帝宮，向黃帝發問。這是他第三次問道，總算得到了明確的答覆。黃帝告訴他說，不去思考謀慮才能懂得道、沒有居處事業才能掌握道、沒有途徑才能獲得道。知聽罷又問黃帝說，他自己跟黃帝懂得道了，無為謂和狂屈不懂得道，到底誰真正懂得道呢？黃帝開導知說，無為謂真正懂得道，狂屈跟無為謂相似，而他自己和知距離道還很遙遠呢。因為就聞道來說，是「知者不言，言者不知」。

　　知三次問道，不知「無為謂」這個名字就是謎底。「無為謂」即謂無為。誰稱得上無為呢？非道莫屬。無為謂三問三不知，是道的化身。

四、得道者的形象

〈田子方〉中的百里奚和虞舜,都是得道者。文中有論曰:

百里奚爵祿不入於心,故飯牛而牛肥,使秦穆公忘其賤,與之政也。有虞氏死生不入於心,故足以動人。

百里奚本是虞國人,在虞被秦滅後入秦,為人養牛,生活非常困難;但百里奚安於貧困,不想做官,只專心養牛,故牛肥。後來,秦穆公發現了他,用五隻羊為他贖身,並委以重任。百里奚知恩便報,協助秦穆公勵精圖治,秦國很快就強盛起來,稱霸諸侯。有好事者知道百里奚的身世,戲稱之為「五羖大夫」。

有虞氏即舜,字重華,傳說中中國古代的一位賢明的首領。據《孟子・萬章》,舜多次遭後母陷害,但毫不介意,且以孝聞名,令人感動。堯以為舜有德,就妻之以二女,並把天下交給他。

臧丈人是〈田子方〉中的另一位得道者,文王授之以政,三年天下大治。故事情節如下:

文王觀於臧,見一丈夫釣,而其釣莫釣。非持其釣有釣者也,常釣也。文王欲舉而授之政,而恐大臣父兄之弗安也;欲終而釋之,而不忍百姓之無天也。於是旦而屬之大夫曰:「昔者寡人夢見良人,黑色而髯,乘駁馬而偏朱蹄,號曰:『寓而政於臧丈人,庶幾乎民有瘳乎!』」諸大夫蹴然曰:「先

043

第二章　與道同行的境界

君王也。」文王曰：「然則卜之。」諸大夫曰：「先君之命，王其無它，又何卜焉。」遂迎臧丈人而授之政。典法無更，偏令無出。三年，文王觀於國，則列士壞植散群，長官者不成德。斔斛不敢入於四竟。……文王於是焉以為大師，北面而問曰：「政可以及天下乎？」臧丈人昧然而不應，泛然而辭，朝令而夜遁，終身無聞。

這故事情節曲折，臧丈人「釣莫釣」、文王假稱夢受先君之命、臧丈人無為而天下大治、文王拜臧丈人為大師、「朝令而夜遁」，都令人留下深刻的印象。

文王即周文王，是中國古代著名的賢君。他在渭水附近叫臧的地方巡視時，見一老者在水邊垂釣。那老者手把釣竿卻非真心釣魚的情景，讓他感到老者非同凡人。得此印象，文王就有心授之以政，可又擔心大臣和父兄不服；想就此罷休不用之，又不忍心讓老百姓失望。經過反覆掂量，文王想出了一個計策。他在早晨把諸大夫召集在一起說：「我夜間夢見一君子，黑髯鬚，乘一匹雜色馬，馬蹄的一邊呈紅色。這君子向我發施號令，要我把行政大權託交給臧丈人，人民的苦難大概就可以解除了。」諸大夫一聽大驚失色，齊聲說那君子就是王季，懇請文王聽先君令，不應有疑慮，更不必占卜問事。文王一計得逞，便把臧丈人迎入朝中，授之以政。

可這臧丈人執政，舊法不改，新令不出，令眾人莫名其妙。三年之後，文王視察各地發現，列士之黨頭頭垮臺，同

夠散了，做官的也不去追求什麼功德了；外國的量器也沒人敢帶進來了，因為本國的量器已經取信於人。文王大喜，就拜臧丈人為太師，並要求向天下擴張。臧丈人發現文王有野心，先是一怔，隨後漫不經心地拒絕了。文王早晨下的令，臧丈人當夜就逃得無影無蹤。

據《史記》記載，周文王禮賢下士，在渭水旁訪得姜子牙。姜子牙協助文王統一天下，根本沒有夜間逃走的事。莊子把史實藝術化了。臧丈人是個「無為謂」的藝術形象，心無權欲，超世脫俗。

大道皇皇，充滿天地之間。得道者不僅僅是人，還有日月星辰等。〈大宗師〉中舉了不少例子，茲摘錄如下：

狶韋氏得之，以挈天地；伏戲氏得之，以襲氣母；維斗得之，終古不忒；日月得之，終古不息；堪坏得之，以襲崑崙；馮夷得之，以遊大川；肩吾得之，以處大山；黃帝得之，以登雲天；顓頊得之，以處玄宮；禺強得之，立乎北極；西王母得之，坐乎少廣，莫知其始，莫之其終；彭祖得之，上及有虞，下及五伯；傅說得之，以相武丁，奄有天下，乘東維、騎箕尾而比於列星。

上述十三個得道者所獲得的超自然力量，無一不來自大道。狶韋氏，傳說中遠古的帝王，是他得道開闢了天地。伏戲氏即伏羲氏，傳說為開創畜牧時代的帝王，是他得道調和了氣母──陰陽二氣，從而畜草生長。維斗就是北斗，得

045

第二章　與道同行的境界

　　道居其中而眾星拱之,執行無窮而不偏軌道。太陽、月亮得道,日夜執行永不停息。堪坏入崑崙山,得道為神。馮夷浴於河而溺,得道為神。肩吾得道,為泰山神。黃帝在首山採銅,在荊山鑄鼎,得道後有龍接之,與臣妾七十二人乘雲駕龍,登天成仙。顓頊,古代五帝之一,得道為北海神。西王母,傳說為豹尾、虎齒而善嘯,得道後常常坐在少廣山上,顏容總像十六、七歲的女子。舜時,她派伎者獻玉環;漢武帝時,她獻青桃。彭祖得道,從舜時一直活到春秋五霸時。傅說本是從事版築的奴隸,得道後為殷高宗武丁之相,大治天下,死後升天化為一星。

　　看來,道真是「神鬼神帝」的。如果不得道,日月星辰就無法有規律地執行,神仙們也無異於凡夫俗子。

　　《莊子》一書,稱得道者為「至德之人」或為「至人」、「聖人」、「神人」、「真人」,都具有理想化的人格。以道觀之,神就是得道的人,神格與人格是相通的。

第三章　齊物之道的價值根基

對西方的古典哲學來說，物質和意識的關係問題是非常重要的。西方哲學家希望透過對這個問題的探討，找到世界的本源，從而找到一把打開世界奧祕之門的鑰匙，解決其他所有的一切哲學問題。從古希臘的柏拉圖（Plato）、亞里斯多德（Aristotle）到近代的伊曼努爾‧康德（Immanuel Kant）、蓋歐格‧威廉‧弗里德里希‧黑格爾（Georg Wilhelm Friedrich Hegel）、路德維希‧費爾巴哈（Ludwig Feuerbach）等人，莫不如此。而中國的古典哲學則與此有別。大多數中國古典哲學家似乎不怎麼十分重視探索世界的本源，從而也就不十分重視物質和意識的關係問題。比較而言，他們對事物的價值和意義更為關注，對天、地、人的關係問題特別感興趣。所以，無論是儒家還是道家，或者是其他的哲學派別，大都想透過對天、地、人三者關係的探討，以解決現實社會中的難題，幫助人們走出困境。在這一點上，可以說莊子是中國古典哲學家的一個傑出代表。莊子有著強烈的憂患意識。這種憂患意識，集中表現在他對生命的關切和摯愛，表現在他對「天地與我並生，而萬物與我為一」的孜孜追求。

莊子認為，世間萬物在價值上是相同的，不管其形態如何，都是自在自存的，所以要「和之以天倪」。「天倪」即自然分際。所謂「和之以天倪」，莊子解釋得最明白，即「是不是，然不然」。

第三章　齊物之道的價值根基

一、大自然的絕響

在莊子看來，沒有什麼比大自然本身更為和諧完善的了。這一思想，在〈齊物論〉一文中表現得淋漓盡致。文章一開頭，描寫「南部子綦隱几而坐」，仰面緩緩地出氣。其弟子顏成子游侍於前，看到他形如槁木、心如死灰的樣子，跟從前的南郭子綦判若兩人，大惑不解。這時南郭子綦解釋說「今者吾喪我」，意思是「我已經不是從前的我了」。

南郭子綦「今者吾喪我」的解釋，看似近乎荒誕，而實際上是形象地表達了他所進入的境界。「吾」和「我」在這裡都指南郭子綦一人，所指對象沒變，但是對象本身變了。「吾」是目前「隱几而坐」、仰面緩緩出氣的南郭子綦，已經忘掉了世界上的一切，沒有喜怒哀樂，不求升官發財，排除了外物的干擾，回到了自然狀態。而「我」是從前的南郭子綦，大概是野心勃勃，奔走呼號，汲汲於功名利祿，一心務外。所以，在顏成子游眼裡，南郭子綦前後判若兩人。

接下來，南郭子綦問顏成子游是否聽說過「天籟」，顏成子游說很想聽一聽。於是，南郭子綦說：

大塊噫氣，其名為風。是唯無作，作則萬竅怒呺，而獨不聞之翏翏（長風聲）乎？山林之畏佳（嵬崔），大木百圍之竅穴，似鼻、似口、似耳、似枅（柱上方木）、似圈、似臼、似洼者、似汙者。激者、謞（象聲詞）者、叱者、吸者、叫

者、譹者、宎（深）者、咬者，前者唱於，而隨者唱喁。冷風則小和，飄風則大和，屬風濟（止）則眾竅為虛，而獨不見之調調之刁刁乎？

這一段文字，描繪出一幅風吹萬物圖。

「大塊」，即大地。大地基本上由土塊構成，故以「大塊」謂之。大地噫氣而出，其所出之氣名為風，這是不明風為空氣流動而對風的來源所做的一種不科學的解釋。風不起則已，起則萬竅怒號。這萬竅怒號之音，是大自然的絕響。高山峻嶺中有參天大樹，大樹上有白圍之竅穴。這些竅穴形狀各異，有的像鼻子一樣高高隆起，有的像嘴一樣張開，有的像耳朵一樣翻捲，有的像柱上方木一樣稜角分明，有的像畜圈一樣大，有的像杵臼一樣小，有的像窪坑，有的像汙池，真是千姿百態！

萬竅怒號，音響各異，有的像激流澎湃，有的像箭矢嗖嗖，有的像將軍叱吒，有的像啜啜吸水，有的像呼叫，有的像哭號，有的像深幽之處，有的像咯咯咬齧。這千百種聲音，此唱彼和，前後相應，合成一曲雄壯激越的交響樂。

顏成子游聽到這裡頓悟：「地籟則眾竅是已，人籟則比竹是已。」「籟」是簫管一類的吹奏樂器，比竹而成。至於什麼是「天籟」，顏成子游還是不得要領。南郭子綦進一步解釋說：

第三章　齊物之道的價值根基

　　夫吹萬不同，而使其自己也。咸其自取，怒者其誰邪？

　　所謂「天籟」，不是另有一物。所謂「天」，即自然之別名、萬物之總名。萬竅怒號發各種聲音，「厲風濟（止）則眾竅為虛」，或吹或止，皆出自天然。萬竅因形狀不同而發出不同的聲音所構成的樂曲，就是「天籟」之音。

　　南郭子綦關於「三籟」的描寫和解釋，隱喻人如果消除了心中的「我」，心機就像簫管一樣空虛。這時的「吾」從心底流出的是無心之言，就像眾竅怒號一樣皆出自天然。說到這裡，我們再回想一下南郭子綦「喪我」時的神情狀態，「三籟」的關係就非常清楚了。

　　「三籟」統一於一個「虛」字。人籟、地籟和天籟的和諧，關鍵是消除成見而進入「喪我」的境界。只要心底純淨無私，那麼，人從口中說出的話和萬竅發出的聲音，就沒有什麼不同了。

　　透過南郭子綦的描述，莊子告訴人們，人要實現與天地的和諧，就要像簫管之類的樂器那樣空虛其心，就要做到「喪我」，而去參加大自然的「交響樂團」。

　　人一旦返歸自然，其心態就會呈現出一種自然和諧之美；而人只有在與自然界和社會的完善和諧之中，才能獲得真正的自由，達到天人合德的境界。

二、「終身役役」的悲哀

自然界本身是和諧的，人類社會卻發出了不和諧的音響。〈齊物論〉中對此有精采的描寫：

> 大知閑閑，小知閒閒。大言炎炎，小言詹詹。其寐也魂交，其覺也形開。與接為構，日以心鬥。縵者，窖者，密者，小恐惴惴，大恐縵縵。

自以為有大智者總是擺出一副漫不經心的樣子，盛氣凌人；耍小聰明的人則到處鑽漏洞，鬼鬼祟祟。有的人高談闊論，裝腔作勢；有的人花言巧語，喋喋不休。這些人，日夜焦躁不安，殫精竭慮，睡覺時常常因做噩夢而驚醒，嚇得一身冷汗；起來後惶惶然不可終日，纍纍若喪家之犬。更嚴重的是，這些人表面上彬彬有禮、彼此尊敬，實際上心裡無時不在算計對方。他們或者狼狽為奸，或者互設陷阱，整日生活在恐懼之中。這些人進入了一種近乎瘋狂的精神狀態而不可自拔，時而洋洋自得、喜形於色，時而氣急敗壞、暴跳如雷。

喜怒無常的情緒左右著這些人，他們各懷己見，喪失了自然的人生。「近死之心，莫使復陽也」，他們都走到無可救藥的地步了！

說者或以為莊子在這裡影射了戰國時的百家爭鳴，我們

第三章　齊物之道的價值根基

姑且不論。單就一些御用文人學者的嘴臉來說，這倒是有著深刻的諷刺意味。他們寫文章或發議論，不是攻擊、汙衊對手，就是吹牛說大話；不是自我吹捧騙人，就是為主子臉上貼金。有人得志，他們就跑去溜鬚拍馬；有人倒楣，他們就趕去落井下石。用莊子的話來說，這些人雖然「百骸、九竅、六臟存焉」，但是其「真宰」早已蕩然無存了。

這些人心性已亂，是社會中最不安定的因素。所以，維護社會秩序，那些哈巴狗式的、看風使舵的人是應該首先打擊的對象之一。

莊子認為，人一旦沉溺於世俗，就會汲汲於功名利祿而不能自拔。他對此頗有感慨地說：

一受其成形，不亡以待盡，與物相刃相靡。其行盡如馳，而莫之能止，不亦悲乎！終身役役，而不見其成功。苶然疲役，而不知其所歸，可不哀邪！人謂之不死，奚益！

這是莊子從內心發出的警世之言。

大凡世俗之人，多終生以得物為喜，為謀財而憂；為了追逐財富，整日東奔西走，苦心經營。有的巧取豪奪，敲詐勒索別人；有的上山當了強盜，打家劫舍；有的出去行竊，偷雞摸狗。總之，只要能弄到財物，什麼卑鄙無恥的事都做得出來。例如，宋國的曹商，為宋王出使秦國，適逢秦王長了一身疥瘡，懸賞求醫；他一看機會來了，就下賤地為秦王

二、「終身役役」的悲哀

舔痔,得車百乘,回國後還恬不知恥地向人炫耀。更有見財眼開而以身家性命為賭注者,其例不勝列舉。

人創造財富的直接目的,是為了生活下去。所以,人和物質財富的關係非常清楚,人既是物質財富的創造者,也是物質財富的支配者。按理說,隨著生產技術的發展和社會的進步,人們創造的物質財富越多,對物質財富的支配控制能力越大。但實際情況則恰恰相反,社會創造累積的大部分財富被一小撮人掠奪去了。這一小撮人憑藉所控制的財富同時也控制了國家機器,對民眾進行更瘋狂的掠奪。在奴隸制度、封建制度和資本主義制度下,莫不如此。

表面看來,在私有制社會裡,一小撮權貴是物質財富的所有者和支配者。而實際上,他們自己也是他們所控制支配的物質財富的奴隸。他們生活中的一切乃至生命,都維繫在物質財富上。他們貪得無厭,欲壑難平,終日「與物相刃相靡」,一直到爬進墳墓。這正如莊子所說:「其行盡如馳,而莫之能止,不亦悲乎!」人生如白駒過隙,時光一去不復返,有誰能留得住呢!

第三章　齊物之道的價值根基

三、關於價值標準

人們對客觀事物進行評判，當然也要做自我評判，這都要有一根尺規。這根尺規因為每個人的價值觀不同而刻度不同，因而人們對同一事物就可能做出不同的評價。

莊子有著強烈的憂患意識，要喚醒人間那些迷途的人們，即那些追逐名利不知所歸的人們。可是，利慾薰心的人是難以自拔的，他們對莊子的警世之言聽而不聞。這不能不令人痛心疾首。莊子無奈，只好從認知上去啟發那些執迷不悟的人。他首先指出，在人生旅途上迷失方向是「成心」作怪。

所謂「成心」，就是人在認識客觀事物之前已有的成見，實際上就是頭腦中已經形成的觀念。「成心」是主觀的，所以人皆有之。以主觀的成見去評判客觀事物，當然難以成為客觀標準。可事實上，人們多是以自己的主觀成見作為客觀標準去評判一切事物。例如〈逍遙遊〉中，蓬蒿中的蟲鳥們對大鵬凌空直上九萬里而徙於南冥的壯舉迷惑不解，就是因為牠們以在封閉的環境中產生的「成心」作為評判大鵬高飛遠舉的標準，從而得出了一個荒唐的結論。所以，懷有偏見去認識事物和評價事物，是非常可悲的。

但更可悲的是以自己的「成心」推測他人，例如惠子相梁。莊子以老朋友的身分去看惠子，可是有小人挑撥離間，告訴惠子說莊子要來謀梁國的相位。惠子聞聽此言後驚恐萬狀，

就在梁國搜捕莊子三天三夜。可是在莊子看來,居於相位就像口裡銜著一隻腐爛的老鼠一樣噁心。所以,楚王派兩個大夫到濮水之濱去請莊子入朝為相,他根本不屑一顧,以不願做廟堂之龜而堅辭不就。此所謂以小人之心度君子之腹者也。

還有的人把自己的「成心」喬裝打扮一番,然後強加於人。社會紛亂不安,是是非非本是他們挑起的,這不難理解。問題是他們把個人的「成心」藉助某種力量合法化,幻想以此手段去平息動亂、安定人心。這樣做,實在無異於以火滅火、以水止水。

莊子說:「夫隨其成心而師之,誰獨且無師乎!」意思是說,人都有「成心」,因為主觀條件各異,對客觀事物的價值評判標準也就不盡相同。恰恰因為「成心」是主觀上的固有觀念,是人們因出身環境、文化修養等條件不同而形成的觀念,所以不能用一個人的「成心」去統一別人的「成心」,或者把一個人的「成心」強加給一個社會。

莊子認為「夫言非吹也」,意思是人的語言與萬竅怒號是不相同的。語言是表達思想的,即表達人們對客觀事物的主觀認識,而萬竅是無心自鳴。前者出於「成心」,後者出自天然。實際上,人們談話也好,寫文章也好,對語言符號所代表的意義都要做出選擇。人們在使用語言中的個人性和目的性,常常寓於詞彙和語法結構之中。這樣一來,就導致了語言上的歧義。特別是漢語,大量的同音詞和多義詞,不同的

第三章　齊物之道的價值根基

語法分析和句讀，常常導致人們對同一語言單位做出不同的理解和爭論。這樣的例子是不勝列舉的。

人們利用語言的歧義進行的爭論，是無聊的，是毫無意義的。莊子把這種爭論比喻為嘰嘰喳喳的鳥叫。他就此而議論說：

道惡乎隱而有真偽？言惡乎隱而有是非？道惡乎往而不存？言惡乎存而不可？道隱於小成，言隱於榮華。

這裡，莊子首先指出了真偽、是非產生的原因。真偽的產生，原因是「道」被某種東西遮蔽了；是非的產生，是語言被某種東西遮蔽了。「道」和語言都是客觀存在的東西，現在都不見了。

「道隱於小成，言隱於榮華」，一下子揭開了真相。「小成」是對事物某一方面的認識。有「小成」之見，人們對事物的認識只能是片面的、區域性的，就像盲人摸象，對於所接觸的對象以外的事物一無所知，因而也就無法理解事物的真相。至於語言，本來是社會約定俗成的產物，名實相符應該是不成問題的。但是，別有用心的人把語言作為狡辯的工具，文過飾非，造成語言汙染。

怎樣清除認識的障礙呢？莊子認為「莫若以明」。所謂「明」，就是〈應帝王〉中所講的「用心若鏡」。鏡子不迎不送，真實地反映出對象，沒有任何成見。就認識的主體來說，「明」就是排除一切成見去觀照所認識的對象，如實地反

三、關於價值標準

映對象的本然。

至於「莫若以明」的根據，莊子有下面一段論述：

> 物無非彼，物無非是。自彼則不見，自是則知之。故曰：彼出於是，是亦因彼。彼是，方生之說也。雖然，方生方死，方死方生。方可方不可，方不可方可。因是因非，因非因是。是以聖人不由，而照之於天，亦因是也。是亦彼也，彼亦是也。彼亦一是非，此亦一是非。果且有彼是乎哉？果且無彼是乎哉？彼是莫得其偶，謂之道樞。樞始得其環中，以應無窮。是亦一無窮，非亦一無窮也。故曰：「莫若以明。」

這段話的中心思想是，在認識過程中不要停留在主觀價值評判層次上做簡單的肯定或否定，因為世界上的任何事物都是相互對待的。所以，人們在評判客觀事物所採用的任何主觀價值標準，都具有相對性和局限性。

「物無非彼，物無非是。自彼則不見，自是則知之」，講的是客觀事物因相互對立而有了「彼」和「此」之分。所以，人們在認識客觀事物時只看到一個方面是不行的。另一方面，客觀事物又是相互依存的。所謂「彼出於是，是亦因彼」，揭示的就是這種關係。客觀事物彼此對待和依存，導致了雙方互相轉化。「方生方死，方死方生」，說明事物無時不在發展變化。唯其如此，對發展中的事物進行判斷就不能採取一個固定的標準，不能犯刻舟求劍的錯。「方可方不可，方不可方可」，說明人對發展中的客觀事物做出的任何判斷，都落後於客觀事物

第三章　齊物之道的價值根基

的已然情況。所以,「因是因非,因非因是」,每個人由於認識角度和價值標準不同,得出的結論也就不同。這就是聖人不去做簡單的肯定或否定而「照之於天」的原因。

「天」是什麼?「天」是「自然」的同義語。每個人所持價值標準不同,因而在此問題上是非無定、爭執不休。這一點,得道的聖人是非常清楚的,因而任其自然。獨立於人的主觀認識之外的客觀事物,不管你去做任何評價,都不會因之而變。「照之於天」,是不帶任何「成心」而偏執一端,即不帶任何偏見而分辨什麼是是非非,從而以明澈之心照見客觀事物真相。

莊子認為,彼此之對待,只是人們所站的角度不同。認識的角度產生變化,彼此的對待關係也就隨之產生變化。至於從彼此的對待關係引出的是非,並非來自客觀事物本身,而是來自人們的主觀成見。

「彼是莫得其偶,謂之道樞」,意思是說不強於分彼此,則是非兩化,就叫做「道樞」。道之樞要在心,就如遊環中,不管有多少是是非非,我都不會為其所役。換言之,彼此兩忘,是非雙遣,是得環中之道,萬物任其自然。

莊子認為,「天地一指也,萬物一馬也」,整個世界本來是不可分割的。所以,彼此之分以及是非之爭,完全是人的「成心」在作怪。至於以「成心」為價值標準去評判是非,更是毫無意義的。

四、萬物與我為一

「萬物與我為一」，是莊子價值觀的最簡明的概括。萬物儘管形態各異，但在價值上是等齊的。

一切客觀事物，就其本身來說，無所謂「可」與「不可」，無所謂「然」與「不然」。只要其存在，就有其合理性，至於「可」與「不可」或者「然」與「不然」，是人們主觀上的價值命名。所以，人們在價值觀念上產生的衝突，並不影響客觀事物本身。莊子論證說：

> 故為是舉莛（莖）與楹（屋柱），厲與西施，恢恑憰怪，道通為一。其分也，成也；其成也，毀也。凡物無成與毀，復通為一。

這段話的意思是說，所謂的大小、美醜，以及寬大、詭奇、狡詐、怪異之分，從道的觀點來看，都是不存在的。此分彼成，此成彼毀，從道的觀點來看，「成」與「毀」根本無別。

「道通為一」，是對客觀世界的整體性的認識。而就「道」而言，本來就是獨一無二的，「生天生地」、「神鬼神帝」，所以得道又叫做「見獨」。從認識的發展規律來說，是從具體到抽象，從渾淪到分析。人對客觀世界的多樣性的認識，是一步步發展起來的。

第三章　齊物之道的價值根基

這無所不在、無時不在的「道」，為什麼在現實中被遮蔽了呢？莊子分析說：

古之人，其知有所至矣。惡乎至，有以為未始有物者，至矣盡矣，不可以加矣。其次以為有物矣，而未始有封也。其次以為有封焉，而未始有是非也。是非之彰也，道之所以虧也。

據此，莊子把古人對世界的演進過程的認識分為四個層次：最初，世界是一個完整的世界；隨後，成為一個「有物」的世界；再隨後，成為一個彼此對立的世界；最後，進入一個是此非彼的世界。

在莊子看來，世界本來是完整的，只是由於人們的錯覺，才把一個完整的世界切割成無數的小塊，即所謂「有封」。「封」本是封土為界，莊子用它來比喻人在主觀意識中構築的屏障。這些屏障封鎖了人們的心靈，就像坐井觀天，不可能了解整個世界的真相。由於認識上的局限性，人們便對同一事物的評判有了不同的意見，是此非彼，斤斤計較，爭吵不休。於是，人與人之間從思想上到觀念上的對立加劇了。在這種情況下，人們不再真正關心世界真相，而是集中精力去跟別人爭辯，強詞奪理，拉幫結夥，形成了不同的宗派、學派，在人際關係中劃出了一道道鴻溝。

為了幫助人們打開封閉的心靈、解開精神上的枷鎖，莊子發出如下無心之言：

四、萬物與我為一

有始也者，有未始有始也者，有未始有夫未始有始也者。有有也者。有無也者，有未始有無也者，有未始有夫未始有無也者。

歸根結柢，「無」為終極之始。但這個「無」是相對的，可以無窮上溯。在這裡，我們不能不佩服莊子對宇宙無限性的深刻認識。在無限的時空系統中：「天下莫大於秋毫之末，而大（泰）山為小；莫壽於殤（少亡）子，而彭祖為夭。」這樣的對比，顯示出在有限的時空中存在的差別，到無限的時空中就微乎其微了，只有相對性而沒有質的差別。同理，在有限的時空中人似乎很渺小，而到無限的時空中就跟天一樣高、跟地一樣大了。這用莊子自己的話來說，就是「天地與我並生，而大道與我為一」。

說到這裡，莊子作〈齊物論〉一文的目的就非常清楚了。「齊物論」的含義有兩層：一是「齊物」，從道的觀點來看，萬物的本體是一個，所以萬物在價值上是等齊的，儘管其形態各異；二是「齊物論」，因為萬物在價值上是等齊的，所以形形色色的「物論」，即人們主觀上的價值標準也應該是等齊的。因此，人們透過由「小我」到「大我」、再由「大我」到「無我」的修道途徑，就能實現個人與社會的和諧，實現人與天地的和諧，即人與自然的和諧。

第三章　齊物之道的價值根基

第四章　從去私正己到歸順天道

　　莊子生活在群雄並起的戰國時代，處在「昏上亂相」之間，他看到的昏君實在太多了。例如〈說劍〉中的趙文王，「劍士夾門而客三千餘人，日夜相擊於前，死傷者歲百餘人」，專門從劍客互相殘殺的刀光血影中取樂。尤其是各國君主們為爭做霸主，驅使人民長年累月地進行戰爭，以致出現了「千里無雞鳴，生民百遺一」的慘景。莊子為此痛心疾首，可他自己僅是一介布衣，為官僅至漆園小吏，根本無力救民於水火。然而，莊子是個大徹大悟的智者，他懷著憂國憂民之心，把君主看作是禍害的根源之一，提出了以「無為」為核心的君德理論。

　　莊子以「無為」為核心的君德理論，正面提出了「去私」和「正己」兩個原則，從反面對無德昏君進行揭露批判，以天道為君德的歸宿。

第四章　從去私正己到歸順天道

一、順物自然而無容私

莊子認為，天地自然的發展變化，有其自身的發展規律，而自然發展規律和社會發展規律是一致的。所以，君主治國，就要按天地自然的發展規律辦事。〈天地〉中論述說：

> 天地雖大，其化均也；萬物雖多，其治一也；人卒雖眾，其主君也。君原於德而成於天。故曰：玄古之君天下，無為也，天德而已矣。

「均」即天均，這裡指一種支配天地變化的力量。

「一」指道，道為天地萬物的創造者和主宰者。天地由天均支配而變化，萬物由道主宰，民眾由君主統治。這裡，莊子把天均、道、君主三者並舉，把天地、萬物、人卒並舉，意思是天人合德，自然和人事同理。「君原於德而成於天」，是說為君要以德為本，成事於自然；反之，無德則無為君之本，不效法自然則不成事。治天下，出於「無為」而順應自然就是了。

「無為」，在莊子的思想體系裡，是個非常重要的概念，應用相當廣泛。在上面的引文裡，莊子用「天德」解釋了它。這裡的所謂「天德」，相當於我們今天說的自然規律。以「無為」為核心的君德，就是效法自然、順應民眾的自然天性。

一、順物自然而無容私

君主要與天合德,就要法「玄古」,行無為之治,靜心修養達到無為的境界。而進入這一境界,首先要去掉私心。在〈應帝王〉中,天根向無名人問治天下之術:

> 天根遊於殷陽,至蓼水之上,適遭無名人而問焉,曰:「請問為天下。」無名人曰:「去!汝鄙人也,何問之不豫也!予方將與造物者為人,厭則又乘夫莽眇之鳥,以出六極之外,而遊無何有之鄉,以處壙埌之野。汝又何帠以治天下感予之心為?」又復問,無名人曰:「汝遊心於淡,合氣於漠,順物自然而無容私焉,而天下治矣。」

天根和無名人,都是莊子虛擬的人名。天根第一次向無名人請教治天下之術,無名人斥之為「鄙人」,說其所問的事情著實令他討厭,破壞了他的好情緒。無名人說他自己與造物者為人,厭則心神翱翔在飄渺的世界裡。「莽眇之鳥」是虛構的。「無何有之鄉」、「壙埌之野」,都是虛擬的空曠虛無的地方。天根第二次發問,無名人不得已而答之,只說了一句「遊心於淡,合氣於漠,順物自然而無容私焉,而天下治矣」。這句話中的「淡」、「漠」二詞,莊子在談養生時常常使用。這裡是要君主去其貪心,收斂乃至打消那種瘋狂的占有欲和支配欲。例如,我們前面提到的〈說劍〉中的趙文君,其縱欲的結果是產生了一種變態心理。這句話的大意是,心虛平和,恬淡寂寞,順其自然而不夾雜私心成見,天下就自然而然大治了。

第四章　從去私正己到歸順天道

關於「順物自然而無容私」的思想，莊子在〈則陽〉中做了進一步闡述。他說：

> 四時殊氣，天不賜，故歲成；五官殊職，君不私，故國治。

「四時」，指春夏秋冬四季。「五官」，本為司徒、司馬、司空、司士、司寇，這裡指百官群臣。這句話先言天理：春夏秋冬四季，暑去寒來，依次更替，天不偏賜某一季節而造成陰陽失調，一年四季的氣候就正常，風調雨順。次言人事：百官群臣各司其職，君主公平處事而不偏私，國家機器就正常運轉，從而國家大治。這裡，莊子將主宰四時的天與主宰五官的君相提並論，以天理喻人事，說明群主的私心為治國的大害，故不能不去之。

二、正而後行

君主是國家的最高統治者，好以「天子」自居。然而，「天子」多不具天德，實際上是集權和專制的「魔王」。君主專制國家的法律制度，往往是出於君主之私意，美其名曰「天網」。莊子認為，君主呈一己之私意，又掛上法律制度的幌子，是不道德的行為。為此，他在〈應帝王〉中提出「正而後行」的主張，即要君主以身作則，端正自己的行為，然後去感化別人。他講了這樣一個故事：

肩吾見狂接輿。狂接輿曰：「日中始何以語女？」肩吾曰：「告我君人者以己出經式義度，人孰敢不聽而化諸！」狂接輿曰：「是欺德也。其於治天下也，猶涉海鑿河而使蚊負山也。夫聖人之治也，治外乎？正而後行，確乎能其事者而已矣。且鳥高飛以避矰弋之害，鼷鼠深穴乎神丘之下以避熏鑿之患，而曾二蟲之無知！」

在這個故事中，「日中始」也是一個虛構的人名，他告訴肩吾，治天下的君主，要根據自己的意志制定並推行法律制度，人民只能乖乖地順從並接受教化。肩吾聽了很得意，就跑去告訴狂接輿。狂接輿聽罷非常反感，斥責「以己出經式義度」是「欺德」，即虛偽之德，有悖於天德和人道。他打比方說，君主根據自己的意志制定推行法律制度，就像渡過大海、開鑿江河，或者像蚊子背負大山一樣，是萬萬不可能

第四章　從去私正己到歸順天道

的。在莊子的時代，限於人們當時的生產能力，飄洋過海或開鑿運河，還是不可想像的事情。他進而指出，聖人治理天下，不是以法律制度繩之於人、把枷鎖套在別人頭上，而在於自身的修養，以身作則。至於民眾，他們能做什麼就做什麼，想做什麼就做什麼，各行其是就是了。他打比方說，連鳥都知道飛得高高的，以避開弓箭的傷害；連老鼠都知道打洞到社壇下藏身，以避開煙燻和挖掘。同理，人們逃避法律制度制裁的辦法，肯定比鳥和老鼠高明得多了。

「以己出經式義度」，可謂一語刺中了君主專制制度下法律制度的虛偽性。君主專制，權力高度集中在一個人手裡，必然導致獨裁政治。所以，君主是專制獨裁者，是統治階級意志的代表，法律制度任由君主制定。這樣，國家的法律制度和君主的個人意志之間就存在著一個等號。所謂「合法」，就是符合君主的個人意志；所謂「守法」，就是遵從君主的個人意志。

「人孰敢不聽而化諸」，揭露了君主的個人意志是怎樣在「經式義度」的幌子下強加給人民的。因此，莊子借狂接輿之口，憤怒地斥責君主獨裁政治為「欺德」。他從夏桀、殷紂等無道暴君身上，看到了一條歷史規律，即為人君者如果一意孤行，其下場就會如同背負大山的蚊子一樣，粉身碎骨，死無葬身之地。

二、正而後行

在揭露了君主專制制度下的法律制度的虛偽性和專制君主們的獨裁者嘴臉以後，莊子才提出了「正而後行」的主張，要求君主治天下必須端正自己的行為，進而再以自己的行為去影響和感化別人。莊子的這一主張和孔子在《論語》中說的「政者，正也，子率以正，孰敢不正」，在政治思想上有些一致。但是，這兩個人的「正」的含義不同：孔子的「正」，是要求合乎禮儀制度，具體要求為政者做什麼、不做什麼；莊子的「正」，是「無為」，要求不去干涉別人的行為和活動，即為政者什麼也不做。並且，孔子不否定「政」，即不否定法律制度；莊子則徹底予以否定，因為他看到了在君主專制的社會條件下，法律制度就是專制君主的個人意志。也正因為莊子對君主專制制度的本質有著比較深刻的認識，因而他比孔子更富有批判精神。他公開要求專制統治者放棄獨裁政策，還給人民自由。

三、無德的衛靈公

在專制君主身上,獨裁和荒淫往往是一對雙生子。獨裁者寡廉鮮恥,欲壑難平。荒淫無道的衛靈公,其醜行令人作嘔。〈則陽〉篇中記載:

仲尼問於大史大弢、伯常騫、狶韋曰:「夫衛靈公飲酒湛樂,不聽國家之政;田獵畢弋,不應諸侯之際。其所以為靈公者何邪?」大弢曰:「是因是也。」伯常騫曰:「夫靈公有妻三人,同濫而浴。史鰌奉御而進所,搏幣而扶翼。其慢若彼之甚也,見賢人若此其肅也,是其所以為靈公也。」狶韋曰:「夫靈公也,死,卜葬於故墓,不吉;卜葬於沙丘而吉。掘之數仞,得石槨焉,洗而視之,有銘焉,曰:『不馮其子,靈公奪而里之。』夫靈公之為靈也久矣!之二人,何足以識之!」

孔子曾遊於衛國,受到衛靈公的優待。他看到衛靈公飲酒湛樂,打獵遊玩,內不理朝政,外不接諸侯,醉生夢死卻被稱為「靈公」,大惑不解,就向大弢、伯常騫、狶韋三位太史求教。三位太史的解釋,從不同的側面揭露了衛靈公的無道。大弢說:「是因是也。」「因是」的「是」,指代孔子對衛靈公的描繪。「是因是」,意思是原因即如你所說。大弢認為,衛靈公不理國事,沉湎於聲色狗馬之中,醉生夢死,因而被稱為靈公。伯常騫說,衛靈公和他的三個妻子在一個浴盆中洗澡,輕慢無禮。但當史鰌捧著御用品進衛靈公的住

三、無德的衛靈公

所時,衛靈公則親手接過幣帛,並親手扶著史鰌,熱情歡迎以示關懷。猜韋說,靈公死後占卜,占卜的結果是葬在生前選定的墓穴中不吉利,葬在沙丘下就吉利了。於是,人們就在沙丘下為靈公挖墓,掘到數仞之下,發現了一具石製的棺槨。人們洗淨了棺槨上的沙土,發現上面的銘文。銘文是「不馮其子,靈公奪而里之」,其大意是責備子孫不足依靠,不能保守祖墳,終將被靈公奪去。猜韋據此斷言,靈公被稱為「靈」,由來已久了,大弢和伯常騫的說法不足為據。

三太史就衛靈公之所以稱「靈」的說法,都是從一個側面揭露了衛君的無道。衛靈公生前寡廉鮮恥,過著糜爛腐朽的生活,縱欲無度,還裝出一副彬彬有禮的樣子,滑稽可笑。石槨上的銘文,反映了衛靈公嗜奪成性,死後還要奪取別人的墳地和棺槨,因此人們都盼著他快快死去。就衛靈公來說,哪裡有一點君德可言呢!

衛靈公非但有過不改,還極力掩飾、自欺欺人。這種做法,為所有的專制君主所慣用。他們貪天功為己有,把自己的過失造成的惡果歸咎於別人。莊子舉出古代的君主與之對照。在〈則陽〉中,老聃的門徒柏矩學在齊國見到辜人,即受裂屍酷刑的人,曾感慨地說:

古之君人者,以得為在民,以失為在己;以正為在民,以枉為在己。故一形有失其形者,退而自責。今則不然,匿為物而愚不識,大為難而罪不敢,重為任而罰不勝,遠其塗而誅不至。

第四章　從去私正己到歸順天道

　　柏矩學的意思是說，古代的君主，把功勞歸於民眾，把過失歸於自己；又以為真理在民眾手裡，錯誤出在自己身上。所以，一旦發現自己施刑有所不當，就退而自責。而今天的君主恰恰相反，他們把事情的真相掩蓋起來，以愚弄那些不知實情的人。他們甚至故意製造困難，以藉口治罪感到畏難的人；故意加重負擔，以藉口處罰不勝其任的人；故意規定走很遠的路程，以藉口誅殺趕不到的人。

　　「匿為物而愚不識」，就是愚民政策。孔子曾說：「民可使由之，不可使知之。」愚民政策是維護君主專制制度的法寶之一。中國古代的君主專制制度延續了兩千多年之久，其原因之一就是推行愚民政策的成功。在君主專制制度下，儘管愚民政策花樣繁多，但有兩個基本特點一直沒變。一個是剝奪人受教育的權力，統治者對文化實行壟斷。另一個是向人灌輸封建迷信思想，神化專制君主的形象，以培養人對專制君主絕對服從的奴隸意識。愚民政策的推行，造就了千千萬萬任人宰割的「順民」，消磨了人對黑暗現實的不滿和反抗，從而使君主專制制度的社會基礎穩定下來。

　　「大為難而罪不敢，重為任而罰不勝，遠其塗而誅不至」，是推行專制政治的必然結果。像衛靈公那樣荒淫無道的君主，無休止地追求聲色犬馬、花天酒地，必然要橫徵暴斂，置民於水火之中，以強化國家機器維護自己的統治地位，掠奪天下之珍寶美色為己有。在〈人間世〉中，顏回看到

三、無德的衛靈公

衛國產生了危機,他對孔子描繪說:

回聞衛君,其年壯,其行獨,輕用其國而不見其過。輕用民死,死者以國量,乎澤若蕉,民其無如矣。

這個衛君,也是一個專橫跋扈的獨裁者,孔子徑稱之為「暴人」。衛君殺人如麻,死的人以區域進行計算。「乎澤若蕉」,「乎」通「摀」,坼裂。「蕉」通「焦」。這句話是說,衛君把人殺死了,天災人禍並至,田澤龜裂成了焦土一片。「民其無如矣」,是說衛國倖存的老百姓身陷於水深火熱之中,正坐以待斃,已經無路可走了。

第四章　從去私正己到歸順天道

四、得天道而為天子

呈一己之私，獨裁專制，暴戾貪婪，醉生夢死，不問政事，當然都不合君德了。但是，莊子的君德以「無為」為核心，因而凡屬「有為」，即使聖智明察、天賦過人，也不配做天子。在〈天地〉篇中，莊子借許由之口，闡述了這一思想：

堯之師曰許由，許由之師曰齧缺，齧缺之師曰王倪，王倪之師曰被衣。堯問於許由曰：「齧缺可以配天乎？吾藉王倪以要之。」許由曰：「殆哉，圾乎天下！齧缺之為人也，聰明睿知，給數以敏，其性過人，而又乃以人受天。彼審乎禁過，而不知過之所由生。與之配天乎？彼且乘人而無天。方且本身而異形，方且尊知而火馳，方且為緒使，方且為物絃，方且四顧而物應，方且應眾宜，方且與物化而未始有恆。夫何足以配天乎！」

堯、許由、齧缺、王倪、被衣五人，依次後者為前者之師。堯所處的層次最低，他問許由齧缺能不能做天子，並說要勞駕王倪去請他。許由一聽要讓齧缺做天子，就驚呼天下危險了。他分析齧缺的為人：聰明睿智、機靈敏捷、天賦超群，並且能把個人的智慧運用於自然，精審於制止別人犯錯，卻不知道錯誤產生的根源。他慨嘆堯竟然想讓齧缺這樣的人做天子。他進一步分析齧缺的為人：憑藉個人的智慧而無視天道，以自己為標準而要求別人，尊崇心智而急於運

四、得天道而為天子

用,為瑣事所糾纏,為外物所束縛,目光四顧而不離萬物,曲意迎合眾人所好,雖然能隨物變化,但心中未曾立起無為的天道。因此,許由認為,齧缺萬萬不能做天子。

如果按照傳統的觀點,就齧缺的個人素養來說,他聰明睿智,機靈敏捷,天賦條件幾乎可無挑剔。但以「無為」作標準去衡量,齧缺治外而不治內,無視天道而拘於物,逞能使才,處處表現自己的智慧,與天道格格不入,因而不配做天子。

「天道」,莊子也叫「天德」。天道無為,君德與天道一致,順應天道則符合君德。何謂天道?莊子在〈在宥〉篇中解釋說:「無為而尊者,天道也。」明白什麼是天道,君德也就「思過半」了。莊子專作〈天道〉一文,其中有一段詳論君德的文字:

夫帝王之德,以天地為宗,以道德為主,以無為為常。無為也,則用天下而有餘;有為也,則為天下用而不足。

帝王即君主,帝王之德即君德。君德的完整形式,是以天地為根本,以道德為主,以無為為常法,天地、道德均表現出無為的根本特性,因而無為是君德的核心。無為則萬物自然成長,天下歸服而受用不盡,因而有餘;有為則忙忙碌碌,疲於奔命,因而不足。

在莊子看來,得天道才能為天子。得道與否以無為作為標準來衡量。〈在宥〉篇中論述說:

075

第四章　從去私正己到歸順天道

　　故君子不得已而臨蒞天下，莫若無為。無為也，而後安其性命之情。故貴以身於為天下，則可以託天下；愛以身於為天下，則可以寄天下。故君子苟能無解其五藏，無擢其聰明，尸居而龍見，淵默而雷聲，神動而天隨，從容無為而萬物炊累焉。吾又何暇治天下哉！

　　「臨蒞天下」，即就天子之位，莊子認為是不得已的事情。如果不得已而為之，沒有什麼比「無為」更值得重視了。做到「無為」，然後才會心性安定。只有珍重愛護自身甚於天下的人，才能把天下交給他。「解其五藏」，「藏」通「臟」，「五藏」指代「五性」。君子如果不放縱性情，不炫耀聰明，身寂然不動而實如龍一般活現，深沉不語實而如雷聲一般震動，動如神靈而順從自然，從容無為而萬物如風吹塵土一樣自然運動，那麼，就無須去治天下了。

　　既然無為才能為天子，那麼，自然要「無為而治」了。由此可見，無為既是君德，又是治天下之術。無為而治，就是不要有心去統治天下，一任天下百姓之自然，人人心性安定，不去互相侵犯，天下自然太平。

　　莊子非常讚賞「古之聖王」，認為他們具備君德，從而使天下大治。在〈應帝王〉篇中，蒲衣四子介紹了「古之聖王」所達到的境界：

　　齧缺問於王倪，四問而四不知。齧缺因躍而大喜，行以告蒲衣子。蒲衣子曰：「而乃今知之乎？有虞氏不及泰氏。有

四、得天道而為天子

虞氏其猶藏仁以要人，亦得人矣，而未始出於非人。泰氏其臥徐徐，其覺于于。一以己為馬，一以己為牛。其知情信，其德甚真，而未始入於非人。」

王倪是齧缺的老師，齧缺問了他四次，他均不知道如何作答。齧缺於是高興地跳了起來，趕忙跑去告訴蒲衣子。蒲衣子見齧缺領悟了妙道，就告訴他說，就修道所達的境界來說，有虞氏比不上泰氏。有虞氏指舜，泰氏指伏羲氏。蒲衣子分析說，有虞氏還要心懷仁義，以籠絡人心，雖也達到了目的，但未曾擺脫外物的牽累。泰氏就不同了，他臥時安然自得，醒時愚昧無知，不知道自己是牛還是馬，與物俱化而不分彼此。他的心智確實誠信，品德非常純真，並且未曾陷入外物的牽累。

王倪「四問而四不知」的狀態，近乎泰氏「其臥徐徐，其覺于于」的境界，也就是〈齊物論〉中南郭子綦「仰天而噓，嗒焉似喪其耦」的境界。「喪其耦」，即透過修道捨棄了故我，拋開了功名、地位、爵祿、得失等身外之物，精神昇華而與大道同體。齧缺見王倪什麼也不知道，便領悟到聖人以無知為有知的妙道。泰氏「一以己為馬，一以己為牛」，精神與道同步，進入得道的境界，在主觀上已經不存在物我的界限了。

莊子鼓吹的無為君德論，實在是令那些專制君主們無法接受的。因為按照莊子的理論去辦，就等於取消了君主的一

第四章 從去私正己到歸順天道

切權力。一切都順應老百姓的意志,還要君主做什麼!莊子鼓吹無為君德論的真正用意,恐怕就在這裡。在〈山木〉篇中,市南宜僚規勸魯侯說:

> 今魯國獨非君之皮邪?吾願君刳形去皮,灑心去欲,而遊於無人之野。南越有邑焉,名為建德之國。其民愚而樸,少私而寡欲;知作而不知藏,與而不求其報;不知義之所適,不知禮之所將。猖狂妄行,乃蹈乎大方。其生可樂,其死可葬。吾願君去國捐俗,與道相輔而行。

「君之皮」,比喻魯侯有魯國,其就如同身上長著花紋的豹子和毛十分豐厚的狐狸。市南宜僚認為,豹子和狐狸因其皮而被獵人追捕,儘管時時提防仍難免一死。同理,魯侯因有魯國,時時受到敵國的威脅,終將難免於患。而除患的唯一途徑,是「刳形去皮,灑心去欲」,即忘身去國,拋棄既得的榮華富貴,滅絕一切欲望,到「無人之野」去旅遊。「無人之野」是不需要誰去做君主的。市南宜僚告訴魯侯,南越有一邑,名為「建德之國」。那裡的人民愚昧純樸,少私寡欲;只知道勞作,不知道收藏;只知道施捨於人,不知道求人報答;更不知道遵循什麼禮義。他們隨心所欲,無拘無束,走上了大道。他們生有其樂,死得其葬,生死各得其所。市南宜僚再勸魯侯「去國捐俗」,離開魯國的君位,捐棄世俗的享樂,走上大道。

「建德之國」,是市南宜僚為魯侯指出的一個好去處。這

個「建德之國」，自然和諧，人們自由自在地生活著，沒有戰爭，沒有傾軋，也沒有束縛人性的禮義制度，更沒有壓迫人民的君主，一切都是那麼如意、那麼美好。

　　莊子的無為君德論，在歷史上不被重視。專制君主們不願意接受它，也不可能接受它，因為他們都知道接受這種理論意味著什麼。但是，這並不妨礙莊子的無為君德論本身所具有的深刻的社會批判意義。要魯侯「刳形去皮，灑心去欲」，更明確一點是「去國捐俗」，就是要專制君主們放棄既得的權力和地位，放棄絕對國家和人民的占有欲和支配欲。這實際上就是對專制君主本身的存在和整個專制制度存在的徹底否定。

第四章　從去私正己到歸順天道

第五章　無為而治的政治邏輯

　　春秋戰國時期，思想家們提出了各種治國興邦之術。儒家主張以仁義治國，法家主張以苛法嚴刑治國，墨家主張以兼愛治國，影響都比較大。而莊子繼承了老子的政治思想，主張「無為而治」。因此，我們稱莊子的政治學說為「無為政治論」。莊子標榜「無為」，以自然人性論為基礎，批判了當時各種「有為」的政治學說，闡述了「無為而治」的政治思想；同時，為追求理想的未來，描繪了「無為而治」的「至德之世」。

第五章　無為而治的政治邏輯

一、「有為」政治學說的批判

「有為」政治,是我們對老、莊以外各家政治學說的概括,與老、莊的「無為而治」相比較而對立。為了說明兩者的區別,我們引用〈天道〉中的一則寓言:

> 昔者舜問於堯曰:「天王之用心何如?」堯曰:「吾不敖無告,不廢窮民,苦死者,嘉孺子而哀婦人,此吾所以用心已。」舜曰:「美則美矣,而未大也。」堯曰:「然則何如?」舜曰:「天德而出寧,日月照而四時行,若晝夜之有經,雲行而雨施矣!」堯曰:「膠膠擾擾乎!子,天之合也;我,人之合也。」

這是一段舜與堯的對話。舜問堯用心怎樣。堯說他自己不傲慢,很有禮貌地對待那些有苦無處訴的人,不拋棄窮人不管,悲憫死者,喜歡兒童,對婦女也很關心。一句話,他用心於所有的弱小孤苦者。舜聽了堯的話,覺得堯為政還可以,算得上美政,但還算不上完美。堯很驚訝,反問舜怎樣才算得上完美。舜解釋說,天依其德執行,自然界呈現出一片安寧。日月的照耀、四季的變化、晝夜的交替、雲氣的浮動、雨水的施降,一切都按照自身的規律變化。「膠膠擾擾」,指糾纏不清的樣子,是堯領悟了舜的話以後,對自己過去用心於世、為瑣事牽累的反省。他在舜的開導下,理解到舜與天道相合,順乎自然,為「天之合」;而自己僅僅追求人事上的協調,是「人之合」。

一、「有為」政治學說的批判

　　從堯的反省中，我們看到，「天之合」順應自然；「人之合」糾纏於人事。「天之合」，即與無為的天道相合，行無為之治；「人之合」，即與有為的人事相合，行有為之治。「有為而治」與「無為而治」的區別，就在於前者順乎自然，後者協調人事。

　　堯治天下用心於協調人事，愛護人民，這在儒、墨兩家看來，是相當完美的政治。孔子說「仁者愛人」，所愛的對象僅限於「人」，而與之相對的「民」是不值得愛的。孟子提出了民本思想，對普通的勞動人民也要愛護，即所謂「老吾老，以及人之老；幼吾幼，以及人之幼」。墨子倡導「兼愛為本」，鼓吹泛愛，即一種普遍的、無條件的愛，愛一切人。在這一點上，儒、墨、道三家有相通之處。在上面的寓言中，莊子否定堯為政糾纏於人事，但不否定堯愛護人民，因此他說：「美則美矣，而未大也。」而且，莊子不把愛護人民作為根治社會弊端的良方。

　　同老子一樣，莊子把社會上的一切不合理現象，都歸咎於統治者的「有為」。例如，統治者橫徵暴斂，老百姓就會陷於貧困；統治者貪圖財貨，老百姓就去盜竊；統治者好戰，便為老百姓帶來凶年。總之，統治者的任何「有為」，都是老百姓的災難。

　　舉賢任智，為儒家所津津樂道，莊子則認為由此導致了天下大亂。在〈庚桑楚〉篇中，庚桑楚對他的弟子說：

第五章　無為而治的政治邏輯

舉賢則民相軋，任知則民相盜。之數物者，不足以厚民。民之於利甚勤，子有殺父，臣有殺君；正晝為盜，日中穴阫。吾語女：大亂之本，必生於堯、舜之間，其末存乎千世之後。千世之後，其必有人與人相食者也。

庚桑楚是個隱者，居畏壘之山三年，那裡連續三年大豐收。當地的老百姓喜慶豐年，都以為庚桑楚是賢人，託了他的福才獲得了豐收。庚桑楚聽到當地老百姓這樣議論，心裡很不高興。他認為，推舉賢人，就會導致人人都想往上爬，在競爭中不擇手段、互相傾軋。任用心智，就會導致人與人勾心鬥角、相互為盜。舉賢任智，對老百姓沒有好處。老百姓謀利心切，便六親不認，兒子殺死父親，臣下殺死君主，在光天化日下就敢搶劫掠奪。他進而斷定：堯、舜舉賢任智，種下了大亂的禍根，而流弊於千載之後，屆時必然有人吃人的現象出現。

舉賢授能，開發和運用心智，對於社會的進步、文明的創造，以及人的自身發展，都是正確的價值導向，與世襲制、任人唯親和愚民政策相對立。但舉賢授能，刺激人們產生了向上爬的野心，在競爭中不擇手段；開發和運用心智，引起了人與人之間爾虞我詐、明爭暗鬥。春秋戰國為亂世之秋，大大小小的野心家、陰謀家，爭先恐後地粉墨登場，或互相勾結、朋黨為奸，或互相傾軋、你死我活。因此，莊子把「舉賢任知」歸結為天下大亂的根源。雖屬偏激，但在當時

一、「有為」政治學說的批判

的特定歷史條件下，如此說也不無道理。而且，莊子的預言在千載之後也應驗了。中國歷史上，果真出現了許多尸位素餐的蠹人，出現了許多專門危害社會、殘害百姓，以滿足一己之私欲的壞人，這類例子不勝列舉。

法家主張以苛法嚴刑治國，因而非常推崇賞罰。但在莊子看來，賞罰不僅不足以治國，還有害於老百姓安養性命之情，進而引起混亂。〈在宥〉篇中論述說：

人大喜邪，毗於陽；大怒邪，毗於陰。陰陽並毗，四時不至，寒暑之和不成，其反傷人之形乎！使人喜怒失位，居處無常，思慮不自得，中道不成章。於是乎天下始喬詰卓鷙，而後有盜跖、曾、史之行。故舉天下以賞其善者不足，舉天下以罰其惡者不給。故天下之大不足以賞罰。自三代以下者，匈匈焉終以賞罰為事，彼何暇安其性命之情哉！

〈在宥〉一文，提出了以自然人性論為基礎的治國方法。上面這段文字大意是說，人大喜大怒，分別傷害陰陽二氣。陰陽受傷俱虛，則熱時怕熱，冷時怕冷，不能適應四時氣候的變化，從而使身體受到嚴重傷害，出現喜怒無常、坐立不安、思想紊亂、行事無章的症狀。「喬詰卓鷙」，是驕傲自大、獨斷專行的意思，是人在陰陽失調後產生的一種情緒。在這種情緒的影響下，於是出現了盜跖為盜，曾參、史魚為善等各種行為。所以，舉天下的名位、財物，還不夠賞給為善者；舉天下的刑法，還不夠懲罰為惡者。天下雖大，僅用

第五章　無為而治的政治邏輯

來賞罰都不夠。自三代以下，統治者終日吵吵嚷嚷地以賞罰為能事，哪裡能得空閒去安定老百姓的性命之情呢！

從自然人性論出發，莊子把社會的混亂歸於人的自然心性的破壞，認為人的思想行為都產生於某種情緒。在某種情緒的影響下，人騷動不安，就會胡亂行事，破壞社會的安定。

至於以賞罰為主要手段懲惡揚善，其歷史進步作用不容低估，但問題在於對善惡的區分。何者為善，何者為惡，是由統治者按照自己的好惡評判並確定標準，因而有很大的隨意性。結果，一些奸佞無行之徒喬裝打扮，偽裝成善人，受到統治者的獎賞；而一些正直有德之士，反被誣為惡人，受到懲罰。因此，莊子在〈秋水〉篇中憤憤地罵道：「帝王殊禪，三代殊繼。差其時，逆其俗者，謂之篡夫；當其時，順其俗者，謂之義之徒。」「篡夫」和「義徒」，誰惡誰善，都是一個樣子。要說差別，只有當時與不當時而已。正是在這個意義上，莊子對賞罰予以徹底否定。

莊子對仁義的抨擊，可謂不遺餘力。他認為仁義是虛偽的，是專制統治者御用的獨裁工具。在〈徐無鬼〉篇中，許由對仁義的抨擊最為猛烈。下面是齧缺跟許由的對話：

齧缺遇許由曰：「子將奚之？」曰：「將逃堯。」曰：「奚謂邪？」曰：「夫堯畜畜然仁，吾恐其為天下笑。後世其人與人相食與！夫民不難聚，愛之則親，利之則至，譽之則勸，

致其所惡則散。愛利出乎仁義，捐仁義者寡，利仁義者眾。夫仁義之行，唯且無誠，且假夫禽貪者器。是以一人之斷制利天下，譬之猶一覕也。夫堯知賢人之利天下也，而不知其賊天下也。夫唯外乎賢者知之矣。」

這段對話的大意是，齧缺問許由到哪裡去，許由回答說逃避堯，因為堯要把帝位讓給他。齧缺不理解許由的做法，許由就解釋說，堯汲汲於仁，堅持不懈，受其禪將為天下人恥笑。如果像堯那樣以仁義治國，不仁不義的人就會不斷增加，發展到一定程度，就會出現人與人互相蠶食的情形了。老百姓並不難拉攏，愛護他們就跟你親近，使之得利就跑過來，誇獎他們幾句就盡力做事，見其所惡就一鬨而散。愛利都出乎仁義，所以捐棄仁義的人少，利用仁義的人多。仁義之行，不僅帶有很大的虛偽性，還為貪婪的野心家提供了魚肉百姓的工具。野心家們以仁義之名，用他個人的是非標準裁斷天下。堯只從表現上看問題，以為行仁義的賢人有利於天下，而不知道他們實際上是殘害天下的人。

許由慷慨陳詞，認為仁義已淪為工具，統治者是借仁義之名，行獨裁之實。他同時指出，那些以行仁義而聞名的「賢人」，實際上是害天下之賊。而堯恰恰看不到這些，所以他要逃走。

堯治世愛人，莊子曾予以肯定，只是「美則美矣，而未大也」，因為愛人總要比殺人強得多。但是，他堅決反對出乎

第五章　無為而治的政治邏輯

仁義的愛人，因為愛人出乎仁義而不出乎天性，其最終目的是利用別人。出乎天性的愛是真誠的、無私的，而出於仁義的愛是虛偽的、不純潔的。在特定的歷史條件下，統治者往往做些讓步，給人民以休養生息之機，並美其名曰「仁政」。其實，統治者一時的讓步，正是利用老百姓「愛之則親，利之則至，譽之則勸」的特點，以進一步鞏固和加強自己的統治。

仁義淪為工具，為漁獵者爭相搶用，於是挑起了是非和爭鬥，社會的和諧被破壞了，人的自然天性備受摧殘，人與人之間的矛盾日益尖銳起來。〈馬蹄〉篇中論述說：

夫殘樸以為器，工匠之罪也；毀道德以為仁義，聖人之過也。夫馬陸居則食草飲水，喜則交頸相靡，怒則分背相踶（ㄉㄧˋ）。馬知已此矣！夫加之以衡扼，齊之以月題，而馬知介倪、闉扼、鷙曼、詭銜、竊轡。故馬之知而能至盜者，伯樂之罪也。夫赫胥氏之時，民居不知所為，行不知所之，含哺而熙，鼓腹而遊。民能以此矣！及至聖人，屈折禮樂以匡天下之形，縣跂仁義以慰天下之心，而民乃始踶跂好知，爭歸於利，不可止也。此亦聖人之過也。

〈馬蹄〉一文中，莊子以伯樂治馬為喻，激烈地批評聖人以仁義禮樂殘害人的自然天性。在莊子看來，聖人以仁義毀滅道德，就像工匠把原木製成器具一樣，是一種罪過。他對比說，馬散居則獨自吃草飲水，高興就結伴交頸相磨，發

一、「有為」政治學說的批判

怒時屁股對屁股用後腿相踢。馬的智慧僅此而已。可是當人們把馬套上夾板，戴上籠頭、嚼子，馬就知道一駕上車就躺倒，或者使勁向後坐，知道吐出嚼子、脫掉籠頭的辦法。馬本來愚樸無知，竟然變得像盜賊一樣詭計多端，這完全是伯樂的罪過。赫胥氏是遠古的帝王，當時人們安居而無所為，旅行不知道去哪裡，嘴裡含著食物嬉戲，肚子吃得鼓鼓的去遊玩。人所能做的事情僅此而已。有聖人出，制定禮樂以匡正天下人的舉止，標榜仁義以安慰天下人的心思。於是，人們便絞盡腦汁去爭利，一發而不可收。這完全是聖人的過失。

　　莊子認為，人的自然天性本來就是完美的，如果人的自然天性不被破壞，人與人之間的關係就像「赫胥氏之時」一樣和睦，人人都過著自由快樂、幸福美滿的生活。而聖人標榜仁義，恰恰破壞了人的自然天性，破壞了由完善的人性維繫的、和諧美好的社會生活。所以，要大治天下，唯一的辦法就是順應人的自然天性，無為而治。

二、以不治為大治

天道無為，無為而無不為。治世效法天道，無為而治，即以不治為大治，取消一切政治措施，順乎人的自然天性。

人的自然天性是與生俱來的，是人的本能要求，無須後天有意培養。〈馬蹄〉文中分析說：

> 彼民有常性，織而衣，耕而食，是謂同德。一而不黨，命曰天放。

「常性」即人的自然本性。「織而衣，耕而食」，是說人為穿衣而織布，為吃飯而耕田，為滿足自己的物質生活而勞動。「同德」，指普遍的人性。「一而不黨」，是純一而無偏私的意思。「天放」，跟〈知北遊〉中的「天鬻」相對，即天賜的自由。我們不難從上面的引文中看出，莊子把人的自然本性分為物質和精神兩個方面。

就物質方面來說，天賜予人吃飯穿衣的權利，同時也賜予人為穿衣吃飯而勞動的權利。勞動和享受勞動成果對每一個人都是天經地義的，因而不需要聖人或君主去支配和統治。

就精神方面來說，人皆生於大道，大道無偏無私。人人平等，都應該享受天賜的自由，也不需要聖人或君主去支配和統治。

二、以不治為大治

如上所述，莊子是個「人性至上」論者，他的自然人性論，是「無為而治」的理論基礎。莊子列舉了不少寓言，論證：順應人的自然天性，立即會收到天下大治的奇效。〈齊物論〉中有個「朝三暮四」的故事，情節是這樣的：

狙公賦芧，曰：「朝三而暮四。」眾狙皆怒。曰：「然則朝四而暮三。」眾狙皆悅。

「狙」即獼猴。「狙公」，指養獼猴的老翁。「芧」，橡子。養獼猴的老翁分發橡子給猴子們，他說早晨發三個，晚上發四個，所有的猴子聽了都怒不可遏。他改口說早晨發四個，晚上發三個，猴子們聽了轉怒為喜，高興得又蹦又跳。

上面的故事中，狙公沒多發給猴子們一個橡子，只把「朝三暮四」改為「朝四暮三」，便使猴子們轉怒為喜。這其中的奧祕，就在於聰明的狙公摸透並順應了猴子們重視眼前利益的心理。

在〈田子方〉篇中，周文王授政於臧丈人，三年而國家大治，「無為而治」行之有奇效。具體情況如下：

（文王）遂迎臧丈人而授之政。典法無更，偏令無出。三年，文王觀於國，則列士壞植散群，長官者不成德，斔斛不敢入於四竟。列士壞植散群，則尚同也；長官者不成德，則同務也；斔斛不敢入於四竟，則諸侯無二心也。

第五章　無為而治的政治邏輯

臧丈人受政以後,唯一所做的事情是「典法無更,偏令無出」。這就是說,他一仍舊貫,舊典舊法一條沒改,新法新令一條沒出,什麼也沒有做。三年後,文王下去視察,發現列士結成的私黨沒有了。「植」,指私黨的頭頭。私黨作鳥獸散,頭頭垮了,同夥也跑了。做官的不去追求功德了,國內的量器也為人相信了。當時各諸侯國量器不統一,故為提防受騙和騙人,各諸侯國都爭相使用自己的量器。周文王看到沒有人敢把各諸侯國的量器帶入本國境內,就知道國內沒有騙人的現象了。莊子對此分析說,私黨作鳥獸散,說明國家更統一了;做官的不追求功德,說明他們齊心合力了;誰都不敢把其他諸侯國的量器帶入本國境內,說明諸侯都臣服了。

〈應帝王〉是莊子的政治論。文中,老聃對陽子居說:

明王之治:功蓋天下而似不自己,化貸萬物而民弗恃。有莫舉名,使物自喜。立乎不測,而遊於無有者也。

「明王」即英明的君主。老聃認為,英明的君主治世,功蓋天下而不歸於自己;化育萬物,老百姓認為是出於自然。明王治世的成就,實在無法用語言去形容,只能看到萬物自然生長,各得其所。明王治世的方法,是立足於不測的變化,而遊心於虛無之道。

老聃說的明王,是「無名」、「無功」、「無己」的得道者。「立乎不測,而遊於無有者」,就是「無為而治」。「不測」,指萬物的變化。「無有者」,指虛無之道。

二、以不治為大治

在〈徐無鬼〉篇中，黃帝等七聖在一牧馬小童面前栽了跟頭。寓言是這樣的：

黃帝將見大隗乎具茨之山，方明為御，昌寓驂乘，張若、謵朋前馬，昆閽、滑稽後車。至於襄城之野，七聖皆迷，無所問塗。適遇牧馬童子，問塗焉，曰：「若知具茨之山乎？」曰：「然。」「若知大隗之所存乎？」曰：「然。」黃帝曰：「異哉小童！非徒知具茨之山，又知大隗之所存。請問為天下。」小童曰：「夫為天下者，亦若此而已矣，又奚事焉！予少而自遊於六合之內，予適有瞀病，有長者教予曰：『若乘日之車而遊於襄城之野。』今予病少痊，予又且復遊於六合之外。夫為天下亦若此而已，予又奚事焉！」黃帝曰：「夫為天下者，則誠非吾子之事，雖然，請問為天下。」小童辭。黃帝又問。小童曰：「夫為天下者，亦奚以異乎牧馬者哉！亦去其害馬者而已矣！」黃帝再拜稽首，稱天師而退。

這寓言的情節非常有趣。「大隗」，亦作「泰隗」，古代的至人形象。黃帝要到具茨之山去拜見他，請教治天下之術。黃帝一行七人，他的隨從方明、昌寓、張若、謵朋、昆閽、滑稽，也都是聖人，前呼後擁，非常壯觀。但到了襄陽之野，這七位聰明絕頂的聖人迷了路，連個問路的人都找不到。可天不絕人，正當七聖急得團團轉而束手無策時，恰好遇見一個牧馬童子，就跑過去向他問路。七聖問小童是否知道有個具茨山，小童回答說知道；又問大隗在哪裡，小童也說知道。黃帝見小童如此聰明，不但知道具茨之山，還知道

093

第五章　無為而治的政治邏輯

至人大隗的居所,就斷定小童絕非常人,便向他請教治天下之術。小童毫不猶豫地回答說,治理天下很容易,僅如此而已,實在用不著做什麼。他自己兒時遊於世間,得了一種頭暈目眩的病,一老者告訴他,任憑時光的流逝,到襄城之野漫遊。他的病現在漸漸好了,又要到世外去漫遊了。治理天下很簡單,像他那樣隨隨便便、自由自在地漫遊就可以了。他再次強調,他什麼事也不去做,也沒什麼事可做。小童講得這樣詳細,黃帝卻不得要領,他堅持要小童講明白,不放小童走。沒辦法,小童只好打比方說,治天下如同牧馬,只要把害馬者去掉就足夠了。黃帝聽罷恍然大悟,納頭便拜,向小童施大禮,稱小童為「天師」,隨後畢恭畢敬地退去。

牧馬小童第一次為黃帝講治天下之術,現身說法,重在一個「遊」字,不但「遊於襄陽之野」,還「遊於六合之外」。言外之意,是治天下者什麼事也不必操心,什麼事也不必做,一切事物都任其自由發展,人們想做什麼就隨便做什麼,根本無須干涉。第二次講「去其害馬者」。馬本有常性,如〈馬蹄〉篇中所述,馬散居則吃草飲水,高興時就結伴交頸互相撫摩,發怒時就屁股對屁股地用後腿互相踢。伯樂治馬,「燒之,剔之,刻之,雒之」,是「害馬者」。而那些以仁義禮樂等治人的聖人,如同伯樂治馬一樣摧殘人的身心,是人群中的「害馬者」。黃帝從小童的話中,領悟到自己是人間的「害馬者」,從前汲汲於「為天下」,實際是害天下;領悟到

二、以不治為大治

自己做到「無為」，天下就大治了。

治天下者為「害馬者」，破壞了人的自然天性，從而破壞了社會的自然和諧，其害無窮。在〈應帝王〉中，儵、忽遇而混沌死。寓言的情節如下：

> 南海之帝為儵，北海之帝為忽，中央之帝為渾沌。儵與忽時相與遇於渾沌之地，渾沌待之甚善。儵與忽謀報渾沌之德，曰：「人皆有七竅以視聽食息。此獨無有，嘗試鑿之。」日鑿一竅，七日而渾沌死。

南海之帝叫「儵」，北海之帝叫「忽」，中央之帝叫「渾沌」，他們和睦相處，自由自在地生活。儵與忽時時相遇於混沌之地，每次混沌都熱情地款待他們。儵、忽有些過意不去，就商量怎樣報答混沌。二人突發奇想，覺得人都有眼、耳、口、鼻，而唯獨混沌沒有，應該幫助他鑿出來。於是二人一起動手，日鑿一竅，七天鑿出七竅。七竅鑿完，混沌馬上死了。

儵、忽出於好心，但做了一件蠢事，他們破壞了混沌的天性，鑿死了他們最親密的朋友。

三、至德之世

現實的黑暗並不能泯滅人們對理想人生的追求;而人們對理想人生的描繪,又是對現實的否定。一正一反,相得益彰。莊子多次描繪「至德之世」,以反襯現實的黑暗,設計理想的未來。

〈馬蹄〉文中描繪「至德之世」說:

> 故至德之世,其行填填,其視顛顛。當是時也,山無蹊隧,澤無舟梁;萬物群生,連屬其鄉;禽獸成群,草木遂長。是故禽獸可繫羈而遊,鳥鵲之巢可攀援而窺。夫至德之世,同與禽獸居,族與萬物並。惡乎知君子小人哉!同乎無知,其德不離;同乎無欲,是謂素樸。素樸而民性得矣。

「至德之世」呈現出一派原始自然風光:「填填」指悠閒的樣子,「顛顛」指純真的樣子,形容那裡的人們天性美好、自由自在。山上沒有蹊徑,水澤沒有船隻和橋梁;萬物居處相連,不分彼此;飛禽走獸成群結隊,草木繁茂茁壯。人可以牽著飛禽走獸到處遊玩,也可以爬到樹上去窺視巢中的鳥鵲。當時,人與禽獸同居,與萬物共處,根本沒有什麼君子小人之分。人無知無欲,本性不失,自然樸素。

〈胠篋〉文中描繪「至德之世」說:

> 子獨不知至德之世乎?昔者容成氏、大庭氏、伯皇氏、中央氏、栗陸氏、驪畜氏、軒轅氏、赫胥氏、尊盧氏、祝融

三、至德之世

氏、伏戲氏、神農氏，當是時也，民結繩而用之。甘其食，美其服，樂其俗，安其居，鄰國相望，雞犬之音相聞，民至老死而不相往來。若此之時，則至治已。

這裡一連列舉了十二位上古時代的帝王。當時還沒有文字，人們只好用結繩的辦法記事。但國家產生了，人類已經從自然界中分化出來，結成社會。這樣，人與自然萬物的關係就不像從前那樣和諧，「禽獸可繫羈而遊，鳥鵲之巢可攀援而窺」的時代結束了。然而，人與人之間的和諧還保留著，國與國之間也能和平共處。人們安居樂業，各得其所，儘管鄰國彼此相望，雞犬之聲相聞，但互不侵犯。

〈天地〉篇中描繪「至德之世」說：

至德之世，不尚賢，不使能，上如標枝，民如野鹿。端正而不知以為義，相愛而不知以為仁，實而不知以為忠，當而不知以為信，蠢動而相使不以為賜。是故行而無跡，事而無傳。

這還是「行而無跡，事而無傳」的時代，當時的事蹟沒有流傳下來。所知道的只是仁、義、忠、信等觀念還沒有產生，人們行為端正、相親相愛、誠實有信、互相幫助，都出於自然天性。帝王身居高位，但無心作為，不尚賢者，不使能者，人民就像田野裡的鹿一樣自由自在。

第五章　無為而治的政治邏輯

〈盜跖〉篇中借盜跖之口說：

神農之世，臥則居居，起則于于。民知其母，不知其父，與麋鹿共處，耕而食，織而衣，無有相害之心。此至德之隆也。

〈馬蹄〉篇中所舉「至德之世」中的十二個上古時代的帝王，其中有神農氏。「居居」指安安穩穩的樣子，「于于」指混混沌沌的樣子，形容人安閒天真。「知其母，不知其父」，是說人們還處在母系社會時代。「與麋鹿共處，耕而食，織而衣」，說明當時畜牧業、農業、手工業都產生了。「無有相害之心」，說明當時人們友愛，從而社會安定。

〈山林〉篇中的「建德之國」，也是「至德之世」，只是與現實更接近一些。

顯然，莊子的「至德之世」，吸收並體現了老子「小國寡民」的思想，但更多的是他自己所嚮往的人生。在「至德之世」，到處充滿了自然和諧的靜態美。人與自然是和諧的，「禽獸可繫羈而遊，鳥鵲之巢可攀援而窺」。人與人的關係也是和諧的，「上如標枝，民如野鹿」。在「至德之世」，人民是自由的，「居不知所為，行不知所之，含哺而熙，鼓腹而遊」。人民的生活是美滿的，「甘其食，美其服，樂其俗，安其居」。總之，「至德之世」是莊子理想中的「烏托邦」。

莊子的「至德之世」的原則和精神，反映了當時人民擺脫

三、至德之世

剝削壓迫、爭取自由幸福的願望和要求，因而對後世的思想文化產生了深遠影響。我們打開陶淵明的〈桃花源記并詩〉來看，在「桃花源」中，「土地平曠，屋舍儼然，有良田、美池、桑竹之屬。阡陌交通，雞犬相聞」，「俎豆猶古法，衣裳無新制。童孺縱行歌，斑白歡遊詣」，好一派「含哺而熙，鼓腹而遊」的怡樂景象。

總之，莊子的無為政治論，有一定的歷史進步性，儘管其中有不少幻想成分。第一，以「無為」否定「有為」，從而將君主專制制度和獨裁政治摧殘人性的本質暴露出來；第二，肯定了自由是人的天賦權利，不容剝奪；第三，喚起人們對美好生活的嚮往。

第五章　無為而治的政治邏輯

第六章　從文明之累到自然之歸

　　春秋戰國時期，戰亂頻仍，社會動盪。於是，人們面向歷史，開始探討天下動亂的原因，或歸之於昏君，或歸之於亂臣，或歸之於鬼神。眾說紛紜，莫衷一是，都在迷惘中徘徊。

　　莊子看這個問題，視角和思考方式都不同於傳統，含有辯證法。「聖人生而大盜起」，上好智則天下亂，就是他的獨到發現。

　　莊子發現了披著合法外衣的「亂世魔王」，要根除之。他開出了「絕聖棄知」的治世處方，公開向舊制度挑戰，公開向統治者挑戰，真是一個無私無畏的勇士！

　　莊子論「絕聖棄知」，專作〈胠篋〉一文，雄辯滔滔，一瀉千里，大氣磅礡，勢不可當。

第六章　從文明之累到自然之歸

一、世俗之智利於盜賊

〈胠篋〉一開頭，莊子就指出了一種奇怪的、為人們所熟視無睹的現象：

將為胠篋探囊發匱之盜而為守備，則必攝緘縢，固扃鐍，此世俗之所謂知也。然而巨盜至，則負匱揭篋擔囊而趨，唯恐緘縢扃鐍之不固也。然則鄉之所謂知者，不乃為大盜積者也？

「胠篋」：「胠」，撬開的意思；篋，指一種小箱子。「緘」、「縢」，都是綁東西用的繩子。「扃鐍」，指門窗或箱櫃上用來加鎖的部件。

世上自從有了盜賊，人們就千方百計地對其進行防備。但是，人們把東西藏在箱子裡、口袋裡、櫃子裡，盜賊就設法打開箱子、櫃子，解開口袋，伸進手去把東西掏出來竊走。為此，人們把口袋用繩子扎得緊緊的，把箱櫃上用來加鎖的部件固定得牢牢的，就以為太平無事了。這就是世俗所說的智慧。其實不然，如果大盜一來，就背起櫃子、舉起箱子、挑起口袋跑了，他們還唯恐口袋綁得不緊、加鎖的部件不堅固呢！這時再看，還能說人們為防盜所做的各種工作是明智的嗎？顯然不能。世俗所說的智慧，僅僅是為大盜累積財富而已。

一、世俗之智利於盜賊

這就揭開了一個具有普遍意義的矛盾：勞動者創造的財富，是他們的汗水和智慧的結晶，但都被無恥的盜賊竊走了。尤其是他們凝結在勞動成果上的智慧越多，盜賊竊取時越方便，這就形成了惡性循環。「道高一尺，魔高一丈」，財富的創造者只能永遠為他人作嫁衣裳。所以，莊子憤怒地問道：「世俗之所謂知者，有不為大盜積者也？」

更有竊國大盜，不僅竊取了一國的財富，還竊取了其「聖知之法」，作為護身的法寶。〈胠篋〉文中舉例說：

昔者齊國鄰邑相望，雞狗之音相聞，罔罟之所布，耒耨之所刺，方二千餘里。闔四竟之內，所以立宗廟社稷，治邑屋州閭鄉曲者，曷嘗不法聖人哉？然而田成子一旦殺齊君而盜其國，所盜者豈獨其國邪？並與其聖知之法而盜之，故田成子有乎盜賊之名，而身處堯舜之安。小國不敢非，大國不敢誅，十二世有齊國，則是不乃竊齊國並與其聖知之法以守其盜賊之身乎？

齊國本是姜姓，姜太公始封於此。春秋時期，齊國曾一度稱霸諸侯，國泰民安，文化也比較發達。如上文所述，鄰里相望，雞鳴狗吠之音相聞，方圓兩千多里，齊國自來都是齊國人民打獵捕魚、犁鋤耕種的地方。歷代齊君凡建立宗廟社稷、治理大小行政區域，其禮法制度都效法聖人，真可謂禮儀之邦！

第六章　從文明之累到自然之歸

然而，自從田成子（陳恆）殺了齊簡公，不僅齊國的政權和財富落到田成子手裡，齊國以前奉行的「聖知之法」也被他利用。「聖知之法」，即取法聖人而制定的禮法制度。田成子打著奉行「聖知之法」的旗號篡權，又以奉行「聖知之法」為名鞏固自己的地位，所以莊子說他「並與其聖知之法而盜之」。

田成子本是竊國大盜，他當了齊相，立齊平公為傀儡，而他自己的食邑比齊平公還大，安樂如帝王。小國不敢非議，大國不敢誅討，於是田姓前後十二世統治齊國。

由此可見，為治國而設的「聖知之法」，不過是野心家和統治者們進行爭奪時所利用的工具而已。在「聖知之法」的幌子下，他們做盡了無恥的勾當！所以，莊子憤怒地問道：「所謂聖者，有不為大盜守者乎？」

揭露「聖知之法」的工具性質，具有深刻的社會批判意義。暴君利用它消滅異己，〈胠篋〉文中舉例說：

> 昔者龍逢斬，比干剖，萇弘胣，子胥靡。故四子之賢而身不免乎戮。

上例中所舉龍逢等四人，都是莊子所處時代之前的著名賢臣。

龍逢即關龍逢，是夏桀的賢臣，因忠諫而被桀殘殺。比干是殷紂王的叔父，以賢聞名，因諫殷紂王悔過而被開腹挖心。萇弘為周大夫，與晉范、中行氏有聯繫。後來晉趙鞅因

與范、中行氏有矛盾而伐周，周人因此把萇弘殺了。萇弘所受之刑叫「胣」，或謂之刳腸之刑。子胥姓伍名員，楚國人，後來投靠吳王夫差，功蓋天下。夫差與越王勾踐講和時，子胥堅決反對，以為講和必生後患。夫差非但不聽，反而賜劍讓子胥自裁。子胥死後，屍體被裝進貓頭鷹形狀的馬皮口袋裡拋入江中，故稱「靡」。「靡」通「糜」，糜爛的意思。

二、聖人生而大盜起

「聖人」這稱號，人們聞之就肅然起敬、頂禮膜拜，怎麼和大盜連繫在一起了呢？要解開疑團，還得到〈胠篋〉篇中去找答案。我們先看下面一則寓言：

> 故跖之徒問於跖曰：「盜亦有道乎？」跖曰：「何適而無有道邪？夫妄意室中之藏，聖也；入先，勇也；出後，義也；知可否，知也；分均，仁也。五者不備而能成大盜者，天下未之有也。」

「跖」即傳說中與孔子同時的盜跖。跖是大盜，不僅橫行天下，還對為盜有很高的理論修養，開口則滔滔不絕。按照他的觀點，沒有理論修養，不具備聖、勇、義、智、仁五德，只配做草寇小賊，根本不能成為大盜。

跖很不簡單，他成功地把聖人之道運用到整個盜竊過程中，從偵察預謀一直到分贓。推測室中所藏的東西，就是聖明；帶頭入室作案，就是勇敢；撤離作案現場時最後離開，就是講義氣；知道作案能否成功，就是聰明；分贓時分得均勻，就是仁惠。

莊子由此推斷說：

> 善人不得聖人之道不立，跖不得聖人之道不行。天下之善人少而不善人多，則聖人之利天下也少而害天下也多。故

二、聖人生而大盜起

曰：唇竭則齒寒，魯酒薄而邯鄲圍，聖人生而大盜起。掊擊聖人，縱舍盜賊，而天下始治矣。

所謂「聖人之道」，也不過是工具而已。這裡講的聖人，是儒家的聖人，鼓吹聖、勇、義、智、仁等。善人得聖人之道才能成功，跖得聖人之道才能橫行天下，可惜天下不善的人多而善人少，因此聖人之道多被不善人利用。兩相比較，聖人對天下害大於利，因為他們為大盜提供了工具。這就是「聖人生而大盜起」的論據。

莊子還用了兩個典故，說明聖人和大盜的關係。一個是「唇竭則齒寒」。「竭」，亡也，以「唇齒相依」說明聖人和大盜彼此相關。另一個是「魯酒薄而邯鄲圍」，說的是楚宣公朝會各國諸侯，魯恭公遲到，所獻的酒味道也不濃。楚王怒，出兵伐魯。梁惠王也藉機出兵攻趙，包圍了趙國的都城邯鄲。因為，雖然楚國是趙國的盟國，但此時也不能再出兵援趙了。莊子藉此說明，聖人和大盜的出現，有先後因果關係。

如果搞清楚這種關係，再去治理天下，事情就很簡單，只要「掊擊聖人，縱舍盜賊」就可以了。

反之，重視聖人治天下，則有利於盜跖之流，天下必然一日亂於一日。〈胠篋〉篇中這樣論道：

夫川竭而谷虛，丘夷而淵實。聖人已死，則大盜不起，天下平而無故矣！聖人不死，大盜不止。雖重聖人而治天下，則是重利盜跖也。為之斗斛以量之，則並與斗斛而竊之；

第六章　從文明之累到自然之歸

為之權衡以稱之,則並與權衡而竊之;為之符璽以信之,則並與符璽而竊之;為之仁義以矯之,則並與仁義而竊之。何以知其然邪?彼竊鉤者誅,竊國者為諸侯,諸侯之門而仁義存焉,則是非竊仁義聖知邪?故逐於大盜,揭諸侯,竊仁義並斗斛權衡符璽之利者,雖有軒冕之賞弗能勸,斧鉞之威弗能禁。此重利盜跖而使不可禁者,此乃聖人之過也。

這段文字,最能體現莊子非凡的敏銳和雄辯的才能。

本來,聖人死去,大盜也就自然消失了,從而天下太平。這就像山谷中有溪流,以及山丘與深淵相對一樣:如果溪流竭盡,則山谷空虛;如果把小丘剷平,就會把深淵填實。

但社會上的人們總是不明白這個道理,非要聖人治天下不可,結果是大大有利於盜跖之流。這盜跖之流一點也不客氣,你造出斗斛權衡測量物品的大小輕重,以求公平交易,他們就把物品連同斗斛權衡一起竊去;你造出符契璽印作為信用憑記,他們就把物品連同符契璽印一起竊去;你提倡仁義以矯正他們,他們就把仁義也一併竊去。聖人的發明越多,盜跖之流得利越大,從而做得越起勁、越大膽。

但是,盜跖之流一旦竊得國家,就搖身一變成了諸侯;而社會只對那些小偷處以重刑,對竊國大盜則予以認可。所以,人們爭相為大盜,以求被舉為諸侯。所以,盜竊仁義和斗斛權衡符璽的人,賞官賜爵不能勸阻,斧鉞之刑不能禁止。於是,天下大亂,一發不可收拾。

「竊鉤者誅，竊國者為諸侯」，講得非常明白，一針見血。那些諸侯，就是披上了仁義外衣的竊國大盜，是盜中之王。這大膽無情的揭露，令統治者無不膽顫心驚。回顧歷史，哪個天子諸侯不在莊子所謂的竊國大盜之列呢？

第六章　從文明之累到自然之歸

三、上好智則天下亂

莊子認為，天下本來是太平的，人心純樸，社會和諧，一切都是那麼自然和美好。但是，統治者別出心裁，推崇心智，從而把社會的和諧打亂了，把人心的純樸破壞了。他在〈胠篋〉中憤憤地說：

子獨不知至德之世乎？昔者容成氏、大庭氏、伯皇氏、中央氏、栗陸氏、驪畜氏、軒轅氏、赫胥氏、尊盧氏、祝融氏、伏戲氏、神農氏，當是時也，民結繩而用之。甘其食，美其服，樂其俗，安其居，鄰國相望，雞狗之音相聞，民至老死而不相往來。若此之時，則至治已。今遂至使民延頸舉踵，曰「某所有賢者」，贏糧而趣之，則內棄其親而外去其主之事，足跡接乎諸侯之境，車軌結乎千里之外。則是上好知之過也！

「至德之世」，是莊子理想的社會。「贏糧而趣之」：「贏」，備足；「趣」，走向。「好知」的「知」，通「智」。

莊子一連列舉了十二個上古時代的帝王。在他們為帝王的「至德之世」，雖然文字還沒有產生，人們只會結繩記事，但是，天下是「至治」的，太平無事。人們安居樂業，自給自足，即使兩國毗連，也互不侵犯。「至德之世」，也就是「至治」之世。

而到了莊子所處的戰國時代，人心驚外，人們提起腳跟，伸長脖子，一聽說某個地方有賢者，就備足乾糧爭先恐後地跑去投靠。他們拋棄了家庭，背棄了主子，步行的在各諸侯國留下了足跡，駕車的行至千里之外。

這樣描繪並非誇張。戰國時代，諸侯爭霸，或爭奪土地，或爭奪人才，而人才的爭奪更重要。齊國的孟嘗君、趙國的平原君、魏國的信陵君、楚國的春申君，後世稱「戰國四公子」，都以招賢納士而名噪一時。大大小小的野心家都粉墨登場，奔走呼號或巧飾辯言，縱橫遊說，一朝而悟萬乘之主，入朝為相；或朝秦暮楚，反覆無常，頃刻被人識破，身敗名裂。莊子說「是上好知之過也」，不無道理。

統治者推崇心智破壞了「至德之世」，造成了嚴重後果。〈胠篋〉文中分析說：

上誠好知而無道，則天下大亂矣！何以知其然邪？夫弓弩畢弋機變之知多，則鳥亂於上矣；鉤餌罔罟罾笱之知多，則魚亂於水矣；削格羅落罝罘之知多，則獸亂於澤矣；知詐漸毒、頡滑堅白、解垢同異之變多，則俗惑於辯矣。故天下每每大亂，罪在於好知。

「弓弩畢弋」：「弩」，安有機械裝置的弓；「畢」，田獵用的長柄網；「弋」，帶繩射出可以收回的箭。「罔罟罾笱」，都是捕魚的工具。「罔」，通「網」，今作「網」。「削格羅落罝罘」：「削格」，竹木製成的捕獸夾子；「羅落」，羅網，「落」

第六章 從文明之累到自然之歸

通「絡」；罝、罘,都是捕獸網。「知詐漸毒」,意思是詭計多端,陰險狠毒。「頡滑堅白」:「頡滑」,奸黠、狡辯,「頡」通「黠」;「堅白」,戰國時期名辯的論題之一。「解垢同異」:「解垢」,通「邂逅」。

正像人們不斷改進和發明漁獵工具,使鳥亂於天、魚亂於水、獸亂於澤一樣,統治者好心智,就有人詭計多端,陰險狠毒,狡辯堅白,亂說異同。於是,民心被巧飾之辯言所惑,導致天下大亂。其勢如燎原之烈火,無法撲滅。

四、絕聖棄知

「絕聖棄知」,是莊子開出的治世的處方。既然是聖人的過失導致了大盜的出現,那麼要根除大盜,莫若絕棄聖人;既然是統治者推崇心智導致了天下大亂,那麼要平治天下,莫若絕棄智慧。所以,莊子在〈胠篋〉中狠狠地說:

故絕聖棄知,大盜乃止;擿玉毀珠,小盜不起;焚符破璽,而民樸鄙;掊斗折衡,而民不爭;殫殘天下之聖法,而民始可與論議;擢亂六律,鑠絕竽瑟,塞瞽曠之耳,而天下始人含其聰矣;滅文章,散五采,膠離朱之目,而天下始人含其明矣;毀絕鉤繩而棄規矩,攦工倕之指,而天下始人有其巧矣。故曰:大巧若拙。削曾、史之行,鉗楊、墨之口,攘棄仁義,而天下之德始玄同矣。彼人含其明,則天下不鑠矣;人含其聰,則天下不累矣;人含其知,則天下不惑矣;人含其德,則天下不僻矣。彼曾、史、楊、墨、師曠、工倕、離朱者,皆外立其德而爁亂天下者也,法之所無用也。

「擿玉毀珠」,「擿」同「擲」。「鑠絕竽瑟」,「鑠」為銷毀。「瞽曠」,又叫師曠,古代著名樂師。「攦工倕之指」,「攦」為折斷;「工倕」,堯時著名工匠,傳說規矩是他發明的。「削曾、史之行」,「曾」是曾參,「史」是史魚,二人以忠孝聞名。

莊子這個治世的處方,不僅僅是絕聖棄智,還要毀掉歷史流傳下來的一切物質文明和公德心。莊子的這一主張,是

第六章　從文明之累到自然之歸

從他的自然人性論出發的。

上面的引文中,有「大巧若拙」一句。所謂「大巧」,就是人的自然本能,與「小巧」相對。「小巧」是人經過後天學習而掌握的技巧。莊子認為,人經過後天學習掌握的技巧是雕蟲小技,微不足道;而人的自然本能看起來似乎比「小巧」笨拙,但是出自天然,故謂「大巧」。

「人含其知,則天下不惑矣」一句,有點令人費解。莊子反覆論述要「棄知」,可在這裡卻鼓吹「人含其知」,豈不前後矛盾?其實不然,「人含其知」的「知」和「棄知」的「知」,雖然都通「智」,但含義不同。

「人含其知」的「知」,指人的自然心智。「棄知」的「知」,指人後天發展起來的心智,例如曾參、史魚的品行,楊朱、墨翟的理論,師曠、離朱的聰明,工倕的技巧。在莊子看來,人後天發展起來的心智,是支離破碎的「小智」,而人的自然心智看起來似乎比後天發展起來的心智愚鈍,但出自天然,是完美無缺的,故謂之「大智」。

「絕聖」所指的聖人,即儒家所推崇的聖人。他們「屈折禮樂以匡天下之形,縣跂仁義以慰天下之心」,是治天下之術的設計者,例如周公、孔子等。

「絕聖棄知」,就是絕棄治天下之術的設計者,絕棄人後天發展起來的心智或智慧。莊子的這一主張,是他們所處的

那個歷史時代的產物。莊子提出這一主張的根據是：人們所創造的一切公德心和物質文明都異化了；人們千辛萬苦所創造的一切公德心和物質文明成果，非但沒有帶給人們幸福和自由，反倒異化為戴在自己脖子上的枷鎖。

人類從自然界中分離出來，從舊石器時代到青銅器時代，從鐵器時代到現代工業社會，經過幾百萬年艱苦卓絕的奮鬥，在同大自然的鬥爭中取得了巨大成就。生產技術進步了，人類對大自然的認知和利用水準正在迅速提高，前景無限光明。

另一方面，人類在了解和利用大自然的同時，也發展了自己。從結繩記事到發明文字，人類在哲學、文學、繪畫、音樂等領域都取得了輝煌的成就，教育程度得到了極大的提高。

毋庸置疑，沒有人類教育程度的普遍提高、沒有現代化的生產技術進步帶來的巨大物質財富，就沒有今天人類這樣優越的生活條件，儘管目前各國各民族的發展水準還不盡相同。

但是我們也不應該忽略，現代化的生產技術在創造巨大物質財富的同時，也對人類賴以生存的自然環境產生了嚴重威脅：大片大片的原始森林消失了，洪水氾濫；一條條江河汙染嚴重，魚蝦滅絕，甚至地下水源都被汙染了，臭氧層也遭到破壞。我們更不應該忽略，人類耗費了巨大的財富並採用最先進的技術，製造了能把整個人類自身毀滅幾十次的毀滅性武器，尤其是核武器。另一方面，人類的教育程度雖然普遍提高了，但群體意識相對降低了。現代文明開闊了人們

第六章　從文明之累到自然之歸

的視野,人們卻沒有相應地開放自己的心靈。這一切,都是困擾人類的大難題。

解決這些難題,當然不能採用莊子的「絕聖棄知」,不能因噎廢食。解決這些難題的出路在於:人類在改造自然界的同時,更要重視改造社會,調整人和自然的關係,在同自然界的鬥爭中保持人和自然界的和諧。

莊子「絕聖棄知」的學說,產生於他所處的那個「竊鉤者誅,竊國者為諸侯」的歷史時代,其社會批判意義是深刻的,這一點應該肯定;但是,「絕聖棄知」是一種極端學說,特別是「聖」與「知」這兩個概念的外延應該嚴格限定。我們在肯定莊子「絕聖棄知」學說進步性的同時,不可忽視它的反面,即其對物質文明和公德心的偏激態度。

第七章　以天下之美為盡在己

　　〈秋水〉是一篇美文，文中有一位河伯，而河伯是一個我們總是感覺似曾相識的形象。這毫不奇怪，因為河伯「以天下之美為盡在己」（即以為天下之美都集中在自己身上）的心態，是一種典型的、具有普遍意義的心態。從河伯的心態中，我們可以發現許許多多我們熟悉的人物，甚至包括我們自己的影子。

第七章　以天下之美為盡在己

一、河伯型心態形成的原因

河伯型心態,即「以天下之美為盡在己」的心態。在探討河伯型心態形成的原因之前,我們先認識一下河伯。〈秋水〉開篇就描述說:

秋水時至,百川灌河。涇流之大,兩涘(水邊)渚(水中陸地)崖(岸)之間,不辯(辨)牛馬。於是焉河伯欣然自喜,以天下之美為盡在己。

黃河流域在中國北方,這裡的秋天是雨季。因而每到秋天,無數的河流匯入黃河,黃河水陡漲,波浪滔天,浩瀚闊大的河面出現了無比壯觀的景象:雲霧與水氣融為一體,朦朦朧朧,以致兩岸之間,甚至河岸與水中的小洲之間,都無法分辨出對面的牛馬。

傳說河伯姓馮名夷,浴於河,溺水而死,得道成仙,為河神。他看到河面上的壯觀景象,好不得意,於是乎「以天下之美為盡在己」。在這種心態的驅使下,他陶醉在自我欣賞中,開始了一次難忘的旅行:

(河伯)順流而東行,至於北海,東面而視,不見水端。於是焉河伯始旋其面目,望洋(迷茫貌)向若而嘆曰:「野語(俗語)有之曰:『聞道百,以為莫己若者。』我之謂也。且夫我嘗聞少仲尼之聞而輕伯夷之義者,始吾弗信。今我睹子之難窮也,吾非至於子之門則殆矣,吾長見笑於大方之家。」

一、河伯型心態形成的原因

河伯這次旅行，本來是自我欣賞，要看一下自以為盡在己身的「天下之美」，但所見所聞，使他自慚形穢，感慨萬千。

河伯順著水流東行，一路情緒很好。沿途處處可見「兩涘渚崖之間，不辯牛馬」的奇景，令其心曠神怡、喜氣洋洋。但一到北海，河伯極目遠望東方，只見水天一色，不見端涯，便大驚失色，心神木然。河伯前後情緒的巨大反差，讓人可見其親臨北海後心靈深處所產生的強烈震撼。

河伯由自信到迷惘，再由迷惘到反省，終於發現自己正是俗語中所說的「聞道百，以為莫己若者」。一朝醒悟，他意識到從前以為仲尼的見聞最多、伯夷的節義最高都是偏見，於是在反省中深深自責。

「吾非至於子之門則殆矣，吾長見笑於大方之家」，是說河伯轉憂為喜，為自己見到海神若而慶幸。否則，他將永遠為「大方之家」（即得道之人）嗤笑。

「以天下美為盡在己」的心態，並非河伯一個人所有，它是一種典型的、具有普遍意義的心態。

關於河伯型心態形成的原因，海神若的一段分析最為精闢。他說：

井蛙不可以語於海者，拘於虛（墟）也；夏蟲不可以語於冰者，篤於時也；曲士不可以語於道者，束於教也。

第七章　以天下之美為盡在己

空間、時間、知識水準三方面的限制,是河伯型心態形成的原因。

井蛙生活在井中,坐井觀天,根本不知道有大海存在。河伯的活動空間比井蛙大得多,但也僅在「兩涘渚涯之間」而已。井蛙以為天只有一個井大,河伯以為天下就是一條黃河,兩者視野有小大之別,但得出了同樣錯誤的結論,因為他們所受的空間局限是一致的。

夏蟲活不到冬天就死了,牠們見不到冰霜,就以為世界上根本沒有冰霜存在。黃河只有在秋水到來時,才有「兩涘渚涯之間,不辯牛馬」的壯觀景象。

鄉曲之士,孤陋寡聞,從未聽到過大道理。河伯沒聽說過,更沒見到過黃河以外的世界,因而沾沾自喜、自我陶醉。

〈養生主〉篇中有句名言:「吾生也有涯,而知也無涯。」其慨嘆的就是時空的無限性和人生的有限性。時空自身是無限的,但對某一具體的人是有限的,因而誰也無法突破時空的局限,以及由此而產生的知識的局限。

可惜河伯不懂得這個道理,他不僅無視個人經驗和知識的相對性,還把個人的經驗和知識絕對化了。如果他在秋水到來、百川匯入黃河時以為「黃河之美盡在己」是無可非議的,那他「以天下之美為盡在己」就不對了,因為黃河與天下

一、河伯型心態形成的原因

相比,僅九牛一毛,不能相提並論。

河伯「以天下之美為盡在己」的心態形成的另一個原因,是河伯的思考方式,主要是河伯的比較方法。

河伯的比較方法的特點之一,是專門與不如己者相比,從而得出人不如己的結論。「秋水時至,百川灌河」,河伯把匯入黃河的百川跟黃河相比,從而「以天下之美為盡在己」,是十分自然的。

河伯的比較方法的另一個特點,是眼睛只盯著自己的長處,以己之長比人之短。「百川灌河」,自然是哪一川的水流也沒有黃河的水流大。所以,河伯以水流大小與百川相比,就像一個耄耋之年的老人與一個垂髫小兒比誰年長一樣可笑。

第七章　以天下之美為盡在己

二、河伯型心態的特點

河伯看到黃河「涇流之大,兩涘渚崖之間,不辯牛馬」時,就「欣然自喜,以天下之美為盡在己」。其心態首先表現為妄自尊大,下面舉幾個同類的例子。

司馬遷在《史記‧西南夷傳》中記載:漢代有一個小國叫夜郎,地處西南,只有一個縣大且出產不多。可是夜郎的國王驕傲得很,自以為其國很大、很富裕。當漢朝派史臣去訪問他時,他竟不知天高地厚地問:「漢朝跟我國相比,哪個大一些?」

〈人間世〉篇中有一個寓言,說螳螂自以為力量很大,奮力舉臂以擋車輪。其下場可想而知。

海神若講「井蛙不可以語於海」。〈秋水〉篇中,公子牟(魏牟)也講了一個東海之鱉和井蛙的故事給公孫龍聽,他說:

子獨不聞夫坎井之蛙乎?謂東海之鱉曰:「吾樂與!出跳梁乎井榦(欄)之上,入休乎缺甃(爛磚頭)之崖(井壁)。赴水則接腋持頤(腮),蹶泥則沒足滅跗(腳背)。還(回顧)虷蟹(孑孓)與科斗(蝌蚪),莫吾能若也。且夫擅一壑之水,而跨跱(叉開腿立著)坎井之樂,此亦至矣。夫子奚不時來入觀乎?」東海之鱉左足未入,而右膝已縶(絆住)矣。於是逡巡(遲疑徘徊貌)而卻(退),告之(井蛙)海曰:「夫千里之

二、河伯型心態的特點

遠，不足以舉其大；千仞之高，不足以極其深。禹之時，十年九潦（澇），而水弗為加益；湯之時，八年七旱，而崖（涯，水邊）不為加損。夫不為頃久（時間）推移，不以多少進退者，此亦東海之大樂也。」

夜郎國王自以為其國比漢朝大，螳螂以為其臂能擋車，井蛙自以為井中至樂，與河伯妄自尊大的心態一致。要克服這種心態，就要把有這種心態的人從封閉性的環境中引匯出來。

東海之鱉描繪東海給井蛙聽，只言其大。而海神若描繪海之大給河伯聽，對比舉例，言簡意賅，他說：

天下之水，莫大於海：萬川歸之，不知何時止而不盈；尾閭（排泄海水的地方）洩之，不知何時已而不虛；春秋不變，水旱不知。此其過江河之流，不可為量數。而吾未嘗以此自多者，自以比形於天地，而受氣於陰陽，吾在於天地之間，猶小石小木之在大山也。方存乎見小，又奚以自多。

大海不盈不虛，容量超過江河之流不知多少倍，簡直無法計算，海神卻「未嘗以此自多」。因此，海神若與河伯之間，在心態上形成鮮明對比。

海神若明明知道萬川歸海，就像河伯看見「百川灌河」一樣。但他放眼天地之間，因而心胸開闊，不因自己大於江河而沾沾自喜。

第七章　以天下之美為盡在己

　　海神若十分清楚，自己從天地的恩賜中形成了形體，又稟受了陰陽之氣；而河伯忘記了自己源於百川。

　　由於眼界有高有低，思考方式不同，小於海神若的河伯「以天下之美為盡在己」，而大於河伯的海神若以為自己在天地之間，猶如大山上的一株小樹，或者一粒小石子。

　　海神若極言空間之大說：

　　計四海之在天地之間也，不似礨空（石上小孔）之在大澤乎？計中國之在海內，不似稊米之在大倉乎？號物之數謂之萬，人處一焉……

　　海神若以空間無限之大，反襯河伯的心胸之小。海神若開放的心靈向無限的空間飛揚，而河伯則心靈封閉，偏居一隅而妄自尊大。兩相對照，海神若是聳入雲天的高峰，自滿自大的河伯則是一抔黃土。

　　河伯型心態的第二個特點，是自以為是，表現在河伯身上，就是「聞道百，以為莫己若者」。

　　「仲尼之聞」和「伯夷之義」，為人所津津樂道，河伯也曾堅信不疑，但他自以為是，把自己的信仰看作天經地義，看作終極真理，不允許別人批評，不允許別人懷疑。這是他孤陋寡聞的主要原因之一。

　　在〈逍遙遊〉中，莊子別出心裁地塑造了幾個自以為是、孤陋寡聞的形象。蜩（蟬）與學鳩（斑鳩）譏笑大鵬說：

二、河伯型心態的特點

我決（突然）起而飛，搶（衝上）榆枋，時則不至而控於地而已矣，奚以之九萬里而南為？

斥鴳（小雀）也譏笑大鵬說：

彼且奚適也？我騰躍而上，不過數仞而下，翱翔蓬蒿之間，此亦飛之至也，而彼且奚適也？

與其說這些小東西在譏笑大鵬，倒不如說牠們在譏笑自己。

蜩和學鳩在地面突然起飛，衝向榆樹和檀樹，到時如果飛不上去，就落在地面上。牠們大惑不解：大鵬為什麼先要「搏扶搖而上者九萬里」，然後才飛往南冥呢？

斥鴳開頭就不明白大鵬要飛到哪裡，牠說：「大鵬將要到哪裡去？我跳躍著往上飛，不超過幾丈高就落下來，在蓬蒿中飛來飛去，這也就是飛的最高限度了，而牠將要飛到哪裡去呢？」

蜩和學鳩高飛不過榆樹和檀樹，斥鴳遠飛不出蓬蒿，狹小的生活空間，局限了牠們的目光和思想。牠們沒見過，也沒想到過九萬里高空和天池南冥的景象，自然也就無法理解大鵬「搏扶搖羊角而上者九萬里，絕雲氣，負青天，然後圖南，且適南冥也」的壯舉。

可是，這些卑微低能的蟲鳥們自以為是，偏偏要以牠們自己的卑微和低能作為最高標準，去衡量壯志凌雲的大鵬，

第七章 以天下之美為盡在己

並表示無法理解。這些小東西真是荒唐極了!

〈徐無鬼〉中有一則寓言,講的是自以為是的害處。其情節如下:

> 吳王浮於江,登乎狙(獼猴)之山。眾狙見之,恂然(驚懼貌)棄而走,逃於深蓁(蓁,荊棘)。有一狙焉,委蛇攫抓,見巧乎王。王射之,敏給(迅速)搏捷(接)矢。王命相者(隨從)趨射之,狙執死。王顧謂其友顏不疑曰:「之狙也,伐(誇)其巧恃其便(敏捷)以敖(傲)予,以至此殛(死)也。戒之哉!嗟乎,無(勿)以汝色傲人哉!」

「見巧」之狙亡命,是牠自以為是、賣弄小技的惡果。

自滿自足,自以為是,必然導致盲目樂觀,例如前面舉過的夜郎國國王、以臂擋車的螳螂、坐井觀天的蛙。

盲目樂觀是河伯型心態的第三個特點。秋水按時到來,水漲河闊,其景空前壯美。於是,河伯「欣欣然自喜」,非常樂觀,「以天下之美為盡在己」。豈不知其在天地之間,實在微不足道,僅九牛一毛而已。

盲目樂觀者,得意忘形,因而必有大禍臨頭。〈徐無鬼〉篇中的「豕蝨」,即寄生在豬身上的蝨子,就是盲目樂觀者。文中寫道:

> 濡需者,豕蝨是也,擇疏鬣(鬃),自以為廣宮大囿。奎(兩腿之間)蹄曲隈,乳間股腳,自以為安室利處。不知屠者

二、河伯型心態的特點

之一旦鼓（舉）臂布草操煙火，而己與豕俱焦也。

寄生在豬身上的蝨子好不快活、好不得意，但好景不長，沒過多久牠就與牠的「廣宮大囿」和「安室利處」一起被燒焦了。

「濡需者，豕蝨是也」，這則寓言諷刺的是那些偷安一時、盲目樂觀的人。「豕蝨」曾逍遙於牠的「廣宮大囿」和「安室利處」，跟「欣然自喜，以天下之美為盡在己」的河伯心態一樣。

卑鄙無恥的小人，一旦陰謀得逞，撈到一官半職，無不與「豕蝨」相同。他們把竊取的官職看作「廣宮大囿」或「安室利處」，或盡情享樂、荒淫無恥，或以權謀私、貪得無厭。

妄自尊大、自以為是、盲目樂觀，是河伯型心態的三種具體表現形式。

第七章　以天下之美為盡在己

第八章　真隱者不做廟堂之龜

莊子釣於濮水。楚王使大夫二人往先焉，曰：「願以境內累矣！」莊子持竿而不顧，曰：「吾聞楚有神龜，死已三千歲矣。王巾笥（竹箱）而藏之廟堂之上。此龜者，寧其死為留骨而貴乎？寧其生而曳尾於塗（泥）中乎？」二大夫曰：「寧生而曳尾塗中。」莊子曰：「往矣，吾將曳尾於塗中。」

這是〈秋水〉篇中的一個有趣的故事。其大意是：莊子優哉遊哉地在濮水垂釣，好不快活，可是楚王派了兩個大夫來向莊子表示，要聘請莊子為楚相。莊子手持釣竿頭也不回，一邊垂釣一邊說，楚國有一個神龜，已經死了三千年了，楚王把牠用巾包好裝進竹箱，然後小心翼翼地珍藏在廟堂裡。說到這裡，莊子向兩位使者問道：「這神龜是願意死去留下龜殼讓人以為尊貴呢？還是願意活下來拖著尾巴在泥巴裡爬來爬去呢？」兩位使者異口同聲地回答：「願意活下來拖著尾巴在泥巴裡爬來爬去。」莊子一聽釋然，馬上表白「吾將曳尾於塗中」，請兩位使者走開。

「吾將曳尾於塗中」，唯莊子能出如此妙語！寧可做塗中之龜保持人格的獨立和自由，而不做廟堂之龜淪為統治者的御用工具，這種高風亮節，使莊子成為中華民族最為後人景仰的人物之一。

第八章　真隱者不做廟堂之龜

一、知輕重而貴自由

寧可處泥巴之中而不居廟堂之上，是莊子的人生觀。

〈讓王〉文中論述說：

道之真以治身，其緒餘以為國家，其土苴（渣）以治天下。由此觀之，帝王之功，聖人之餘事也，非所以完身養生也。今世俗之君子，多危身棄生以殉物，豈不悲哉！凡聖人之動作也，必察其所以之與其所以為。今且有人於此，以隨侯之珠，彈千仞之雀，世必笑之。是何也？則其所用者重而所要者輕也。夫生者豈特隨侯之重哉！

這段文字，強調以治身為本，治天下為末。「帝王之功，聖人之餘事也」，其依據是身為帝王並不益於「完身養生」。因此，聖人處世，「道之真以治身，其緒餘以為國家，其土苴以治天下」。「道之真」即道的精華，用以治身；「其緒餘」是道的殘餘，用以治國家；「其土苴」即道的垃圾，用以治天下。在聖人眼裡的帝王之功，僅是清理一下天下的垃圾而已。換言之，聲名顯赫的帝王，僅相當於一個清潔工而已。

身重而天下輕，危身棄生哪還有天下可治。可世俗之人昧於此，竟然「危身棄生而殉物」，即為追逐權勢名利而傷身喪命。這就像用隨侯之珠那樣的無價之寶去彈射千仞之外的小雀，即使得手，也必然為世人所譏笑。

一、知輕重而貴自由

聖人知輕重，因而行動分外小心，事先一定要弄清楚前因後果，不做賠本買賣。但世俗之人不行，往往不知輕重。在〈讓王〉篇中，子華子曉以利害，要昭僖侯停止與魏國的戰爭。文中記述：

韓魏相與爭侵地，子華子見昭僖侯（韓國國王），昭僖侯有憂色。子華子曰：「今使天下書銘（契約）於君之前，書之言曰：『左手攫（取）之則右手廢，右手攫之則左手廢，然則攫之者必有天下。』君能攫之乎？」昭僖侯曰：「寡人不攫也。」子華子曰：「甚善！自是觀之，兩臂重於天下也。身亦重於兩臂。韓之輕於天下亦遠矣！今之所爭者，其輕於韓又遠。君固愁身傷生以憂戚不得也。」僖侯曰：「善哉！教寡人者眾矣，未嘗得聞此言也。」子華子可謂知輕重矣。

子華子不但知輕重，還善於以輕重教人。他一番道理，說得昭僖侯連連稱善，幡然醒悟。

為了蠅頭小利，世俗之人往往捨命相爭，問題出於不知輕重，或者輕身重物。但當子華子把兩臂和天下擺在一起，讓昭僖王任選其一的時候，昭僖王突然明白了兩臂重於天下的道理。這是因為，世俗之人爭名逐利，都有僥倖心理，而現在昭僖王僥倖的因素被排除了，他別無選擇，只有乖乖就範。

子華子的推理很有意思，他舉出前提，然後讓昭僖侯自己去體悟結論。「今之所爭者」──韓、天下、兩臂、身，

131

第八章　真隱者不做廟堂之龜

依次一個比一個重要。其中,關鍵是判斷兩臂和天下孰輕孰重。

周文王的祖父大王亶父,在〈讓王〉篇中被稱為「能尊生者」:

> 大王亶父居邠,狄人攻之。事之以皮帛而不受,事之以犬馬而不受,事之以珠玉而不受。狄人所求者土地也。大王亶父曰:「與人之兄居而殺其弟,與人之父居而殺其子,吾不忍也。子皆勉居矣!為吾臣與為狄人臣奚以異。且吾聞之:不以所用養害所養。」因杖策而去之。民相連而從之。遂成國於岐山之下。夫大王亶父可謂能尊生矣。能尊生者,雖富貴不以養傷身,雖貧賤不以利累形。今世之人居高官尊爵者,皆重失之。見利輕亡其身,豈不惑哉!

「尊生」比「重身而輕天下」更進了一步,即由己推人,重視別人的生命。古公亶父達到了這一境界。

狄人是中國古代北方的一個少數民族,屢次進攻周人。周人把皮帛、犬馬、珠玉送給狄人以求和,但狄人拒絕接受,因為他們向周人所求的是土地。這時,周人的首領古公亶父認為,如果武裝抵抗狄人,臣民的子弟必將有較大傷亡。他不忍心看到臣民的子弟被狄人殺死,就要他的臣民好好住下去,而他自己騎上馬要走。但他的臣民實在捨不得離開他,就結隊跟他逃到岐山,並在岐山定居下來。

古公亶父在離開邠之前對臣民們說:「不以所用養害所

養。」「所用養」指土地,「所養」指人民。這句話的大意是,土地本來是養育人民的,因而不能因為保衛土地而犧牲人民。這種觀點是很可貴的。

把「所用養」和「所養」連繫起來,即把土地和人民連繫起來,寧棄土地而留人民,是古公亶父深得民心的主要原因。跟《詩經・小雅・北山》中的「普天之下,莫非王土;率土之濱,莫非王臣」比較,古公亶父沒有把土地完全看作是自己一人的財富。土地是養育人民的,因而就沒有必要驅使人民為爭奪土地而做無謂的犧牲。他也沒有把臣民作為自己的奴隸,因而要人民安居下來,他自己一個人離去。所以,古公亶父被稱為「能尊生者」。

可「居高官尊爵者」與「能尊生者」相反,他們自己「見利輕亡其身」,捨命求利,自然不把別人的生命當一回事。歷史上的統治者和野心家為一己之利,不惜驅使人民互相殘殺,導致戰亂頻仍、民不聊生。其中主要一點,就是他們把人民作為工具使用,而不把人民當作人看待,更談不上什麼尊重了。

莊子寧可「曳尾於塗中」而不做廟堂之龜,除了重身而輕天下之外,還有另外一個更重要原因,就是重精神而輕物質,重自由而輕富貴。〈養生主〉篇中有一個寓言,說明精神上的自由比物質生活條件更重要,茲摘錄如下:

第八章　真隱者不做廟堂之龜

澤雉（野雞）十步一啄，百步一飲，不蘄（求）畜乎樊（籠）中。神雖王，不善也。

這故事的大致意思是說，在草澤中的野雞，生活條件非常艱苦，走十步撿得一粒食，走百步喝到一口水；但是，牠們不希望被人關在籠子裡養起來。這是因為，儘管籠中不愁吃喝，令人嚮往，可一被關進去就不可能隨便出來了，將永遠失去自由。

同理，莊子如果應徵去做楚相，物質生活條件一定會大為改善，不會再「衣大布而補之」、「衣弊履穿」了，更不必再「往貸粟於監河侯」。但是，莊子把自由看得重於一切，寧可像拖著尾巴在泥巴裡爬來爬去的烏龜那樣自由自在地生活，也不願意像被用帛包好裝進竹箱裡珍藏在廟堂上的烏龜那樣失去生命和自由，空留龜殼。

二、爭名逐利必有後患

《史記·老子韓非列傳》中記載:「楚威王聞莊周賢,使使厚幣迎之,許以為相。」這與〈秋水〉篇中的記載大致相同。看來,莊子辭相的事情是可信的。

宰相之位,可謂一人之下、萬人之上,勢利小人、凡夫俗子,翹首舉足,可望而不可即,但莊子堅辭不就。莊子看破紅塵,深知為人君者多虎狼之心;伴君如伴虎,舉手投足間稍有不慎,就會落入虎狼之口。爭名逐利也不外如是,名利與禍患並生。

可嘆凡夫俗子,兩眼死死地盯在名利上,大禍臨頭卻全然不知。〈山木〉篇中有一則寓言,對此進行了絕妙的諷刺。

莊周遊於雕陵之樊(樊籬),睹一異鵲自南方來者。翼廣七尺,目大運(直徑)寸,感(觸)周之顙(額),而集於栗林。莊周曰:「此何鳥哉?翼殷(大)不逝,目大不睹。」蹇(提起)裳躩步(小心邁步),執彈而留之(等待殺機)。睹一蟬方得美蔭而忘其身。螳螂執翳(舉臂)而搏之,見得而忘其形。異鵲從而利之,見利而忘其真。莊周怵然曰:「噫!物固相累,二類相召(吸引)也。」捐(棄)彈而反(返)走,虞人逐而誶之。莊周反入,三日不庭。藺且(莊子的弟子)從而問之:「夫子何為頃間甚不庭乎?」莊周曰:「吾守形而忘身,觀於濁水而迷於清淵。且吾聞諸夫子曰:『入其俗,從其令。』

第八章　真隱者不做廟堂之龜

今吾遊於雕陵而忘吾身，異鵲感吾顙，遊於栗林而忘真。栗林虞人以吾為戮，吾所以不庭也。」

成語「螳螂捕蟬，異鵲（或為黃雀）在後」，就出自這個寓言。

莊子手執彈弓伺機射殺鵲時，看見一隻蟬正在樹蔭下得意地鳴叫，被一隻螳螂舉臂擊中。螳螂觀賞著捕住的蟬，竟忘記了自己的存在。這時，異鵲突然捕住了螳螂，見利而忘了本身。螳螂捕蟬，異鵲利之的情景，使莊子驚悟自己見利忘身，實與蟬、螳螂、異鵲同類，故「捐彈而反走」。

「吾守形而忘身，觀於濁水而迷於清淵」，是莊子的反省。「守形」，指「執彈而留之」。「濁水」，比喻世俗的利害。「清淵」，比喻人的自然天性。莊子從蟬、螳螂、異鵲身上，多次看到了自己的影子，悟出見利忘身必有後患的道理，勢利小人一旦得計，就驕傲起來，不僅忘身，還向人炫耀，例如：

人有見宋王者，錫（賜）車十乘。以其十乘驕稚莊子。莊子曰：「河上有家貧恃緯（織）蕭（蘆荻）而食者，其子沒（潛）於淵，得千金之珠。其父謂其子曰：『取石來鍛（砸爛）之！夫千金之珠，必在九重之淵而驪龍頷（下巴）下。子能得珠者，必遭其睡也。使驪龍而寤，子尚奚微之有哉！』今宋國之深，非直九重之淵也；宋王之猛，非直驪龍也。子能得車者，必遭其睡也；使宋王而寤，子為齏粉（碎粉）夫。」

二、爭名逐利必有後患

這是〈列禦寇〉中的一則寓言，說明君主之心，如黑龍一樣狠毒。他高興時，會給討他喜歡的人一點賞賜；一不順心，又會把得其賞賜者殺掉。

見宋王者偶遇宋王高興，討得一點便宜，就拿去向莊子炫耀。這樣的人很多，他們為討主子喜歡，以便乘機求賞，什麼事情都做得出來，例如：

宋人有曹商者，為宋王使秦。其往也，得車數乘。王說（悅）之，益車百乘。反（返）於宋，見莊子，曰：「夫處窮閭厄（隘）巷，困窘織屨，槁項黃馘者，商之所短也；一悟萬乘之主而從車百乘者，商之所長也。」莊子曰：「秦王有病召醫。破癰潰痤者得車一乘，舐（舔）痔者得車五乘，所治癒下，得車愈多。子豈治其痔邪？何得車之多也？子行矣！」

這則寓言也出自〈列禦寇〉，曹商使秦得車，向莊子炫耀並挖苦諷刺，莊子反唇相譏。

曹商是一個非常典型的勢利小人和暴發戶。他出使秦國，宋王賜車；到了秦國，秦王賞車。於是他得意忘形了，向莊子炫耀還嫌不夠，又極盡其諷刺挖苦之能事。就莊子身居陋巷、窮困而以織草鞋為生、餓得面黃肌瘦的樣子，他竟陰陽怪氣地說出「商之所短」來，意思是他絕不會落魄到莊子的地步。「一悟萬乘之主而從車百乘者，商之所長也」，可見得意忘形的曹商招搖過市，自以為光榮得很，已經飄飄然不能自已了。

137

第八章　真隱者不做廟堂之龜

　　莊子看著曹商，感到其既可悲又可笑。可悲的是，曹商卑鄙無恥到如此地步，竟泯滅了天知，卻不以為恥，反以為榮；可笑的是，曹商急不可耐地招搖過市，炫耀表演，暴發戶淺薄愚蠢的嘴臉暴露無遺。所以，他把曹商所做的骯髒勾當比作為秦王舔痔，表現了他對專制統治者和曹商之流的極度蔑視。

　　莊子把曹商和秦王的關係，比作病人和醫生的關係。醫生要治好病人，就要依其病情對症下藥。秦王的病很重，可能是全身長滿瘡癤，體無完膚，又痛又癢，被折磨得寢食難安。唯有別人把他身上的瘡疥舔破，他才舒服一點。於是，他懸賞召醫：「破癰潰痤者得車一乘，舐痔者得車五乘，所治癒下，得車愈多。」曹商使秦，只有車數乘，返宋時則「從車百乘」。這使莊子感到吃驚，故問曹商：「子豈治其痔邪？何得車之多也？」莊子認定，曹商為秦王舔痔，才得了許多車。假定如此，則曹商為秦王舔痔不止一次，恐怕有近二十次，因為舔一次只得車五乘，二十次才一百乘。還可能有另一種情況，即曹商所舔的部位比痔所在的部位還要「下」，一次或幾次就得車百乘。

　　看來古之王侯卿相、達官貴人，或一步一步地往上爬，像曹商為秦王舔痔，一次不行兩次，直到舔淨為止；或是另一種情況，一次所舔其最「下」，一次舔淨，一步登天。

二、爭名逐利必有後患

追求爵祿榮華的人,像豬一樣愚蠢,卻自作聰明。在〈達生〉篇中,有一則寓言對這種人進行了辛辣的諷刺:

祝宗人玄端以臨牢(梱)說(勸說)彘曰:「汝奚惡死!吾將三月豢(養)汝,十日戒,三日齊(齋),藉白茅,加汝肩尻(屁股)乎雕俎之上,則汝為之乎?」為彘謀曰:「不如食以糠糟而錯(放)之牢之中。」自為謀,則苟生有軒冕之尊,死得於膝(輁)楯(輴)之上、聚僂(有飾的棺材)之中則為之。為彘謀則去之,自為謀則取之,所異彘者何也!

「祝宗人」是祝人、宗人的合稱,都是掌祭祀之官。「玄端」是祭祀時穿的齋服。祝宗人去豬圈取豬時對豬的勸說以及心理活動,生動地刻劃出追求爵祿榮華之人卑微陰暗的靈魂。

祝宗人在取豬為牲時,口頭上勸說豬不要怕死,因為用牲之前還要豢養三個月,然後齋戒,鋪上白茅做的墊子。這段時間,豬得到很好的待遇,著實好好享受了一番,才被殺掉。而且,牲肉還要被放在有雕飾的俎上。祝宗口頭上說得冠冕堂皇,但心裡想,豬與其榮華一番死去,還不如在豬圈裡吃糠糟活著好。

由豬聯想到人,祝宗人覺得如果像豬一樣生時乘軒車、戴禮帽,死後輴載屍,也算不白活一場,即使很快死去,也心甘情願。

第八章　真隱者不做廟堂之龜

曹商為了得車百乘，主動替秦王舔痔；祝宗人為了得到爵祿榮華，連命都不要了。其實，他們比死豬還愚蠢呢！

在〈徐無鬼〉篇中，一朝得勢便忘乎所以、苟且偷安的小人，被稱為「濡需者」，並被比喻成「豕蝨」，即寄生在豬身上的蝨子。文中這樣描寫道：

濡需者，豕蝨是也，擇疏鬣（鬃），自以為廣宮大囿。奎（兩腿之間）蹄曲隈（隱蔽處），乳間股腳，自以為安室利處。不知屠者之一旦鼓（舉）臂布草操煙火，而己與豕俱焦也。此以域進，此以域退，此其所謂濡需者也。

豬身上的蝨子，是道地的寄生蟲。而寄生蟲的生死榮辱，都取決於寄生的對象。所以，豬身上的蝨子和豬的關係，可謂「一損俱損，一榮共榮」。

寄生在豬身上的蝨子，心裡非常快活。牠們把豬疏長的鬃毛，看作寬廣的宮殿或闊大的園囿，在裡面盡情遨遊，暢通無阻，或登樓遠望，或縱橫馳騁。牠們又把豬的兩腿之間，皺褶隱蔽之處，以及乳間股腳，都看作安全便利的居處，在裡面休息娛樂，載歌載舞，追逐打鬧。但牠們從未想到，某一個早晨，屠夫點起煙火，把豬放在上面燒烤至死，自己與豬一起被烤焦了。

忘乎所以、苟且偷安的小人，一旦得到一官半職，其神態、心態跟寄生在豬身上的蝨子完全相同。他們找到了主子，就以為找到了「廣宮大囿」或「安室利處」，可以終身享

二、爭名逐利必有後患

受無窮了,於是開始了「豕蝨」一樣的生活。他們貪汙盜竊,以權謀私,巧取豪奪,損公肥己,聚斂了大量財富。同時結黨營私,賣官鬻爵,培植親信,網羅死黨,形成了強大的政治勢力。他們寡廉鮮恥,縱情揮霍,一擲千金,荒淫無度,姦淫擄掠。可是,一旦主子垮臺,他們也無法逃脫「豕蝨」的命運,最終一命嗚呼。

多少人終生碌碌,不擇手段地巴結逢迎,弄得一官半職後,還不知道成了主子的犧牲品,實在可悲。在〈列禦寇〉中,有人聘莊子為相,莊子對其使者說:

子見夫犧牛乎?衣以文繡,食以芻(草)叔(豆)。及其牽而入於太廟(帝王的祖廟),雖欲為孤犢,其可得乎!

「犧牛」與「孤犢」,處境大不一樣。

犧牛是提前三個月養來用以祭祀宗廟的牛,身上披著有花紋的錦繡,吃著上等的草料,可謂吃得好、穿得好。但當被牽入太廟將用時,死亡即刻來臨,犧牛想為孤犢已來不及了。

孤犢是沒人豢養的小牛,雖然吃不到上等的草料,披不上有花紋的錦繡,但是可以自由自在地上山坡吃草、到河邊喝水。這是犧牛可望而不可即的。

小人得到主子的賞識,爵祿名利應有盡有,自然高興得手舞足蹈。可是他們從此失去了做人的尊嚴,只能附屬於主子做犧牲品,這是讓他們後悔莫及的。

第八章　真隱者不做廟堂之龜

三、心隱而身不隱

心隱而身不隱，是莊子式的「隱」，意即不藏身於山林，而是混跡於人間。莊子本人就是隱心而不隱身的隱士。〈繕性〉文中論述說：

雖聖人不在山林之中，其德隱矣。隱故不自隱。古之所謂隱士者，非伏其身而弗見也，非閉其言而不出也，非藏其知（智）而不發也，時命大謬也。

「時命大謬」，君主昏庸無道，政治腐敗，從而導致天下大亂。莊子所處的時代就是這樣的時代。

《莊子》一書，寫了許多隱士，他們性格各異，但志趣相同，表現為對當權者極度蔑視，對勢利小人嗤之以鼻，對功名利祿不屑一顧，把人格的獨立和自由看得重於一切。

莊子寧可「曳尾於塗中」而不應徵為相，其原因之一，是他對權欲極端厭惡。他甚至把相位比作腐鼠，在〈秋水〉篇中嘲笑梁相惠子：

惠子相梁，莊子往見之。或謂惠子曰：「莊子來，欲代子相。」於是惠子恐，搜於國中三日三夜。莊子往見之，曰：「南方有鳥，其名為鵷鶵，子知之乎？夫鵷鶵發於南海而飛於北海，非梧桐不止，非練實不食，非醴泉不飲。於是鴟（鷂鷹）得腐鼠，鵷鶵過之，仰而視之曰：『嚇！』今子欲以子之梁國而嚇我邪？」

三、心隱而身不隱

莊子講的故事,以鵷鶵自喻,以鴟比喻惠子。

莊子聽說他的老朋友惠子在梁國做了宰相,就前往梁國去看望他。有人聽到這個消息,就挑撥離間,告訴惠子說莊子要來取代他的職位。惠子一聽驚恐不已,立即下令在梁國搜捕莊子。因此,莊子在見惠子時,講了鴟嚇鵷鶵的故事以諷喻。

鵷鶵志向遠大,情操高潔,要從南海飛到北海,途中非梧桐不棲,非竹實不吃,非甘泉之水不飲。鴟目光短淺,心胸狹隘。正當牠得到一隻腐爛的死老鼠而高興得又蹦又跳時,鵷鶵從牠頭上飛過,牠以為鵷鶵來奪牠的死老鼠,就抬起頭驚恐地大叫一聲「嚇」。

惠子當了梁相,連老朋友也不信任了;還聽信謠言,要對莊子下毒手。而實際上,莊子對他的「腐鼠」不屑一顧,因此把他挖苦諷刺了一番。

大凡小人,一升官發財,就翻臉不認人,不管是親人還是朋友。他們以小人之心度君子之腹,疑神疑鬼。一旦懷疑別人對自己構成威脅,就下毒手,且唯除之而後快。在中國歷史上,君臣相殘、父子相殘、兄弟相殘,都屢見不鮮,皆因爭權奪利而起。

顏闔是魯國的隱士,〈讓王〉篇中有關於他厭惡富貴的故事,茲摘錄如下:

第八章　真隱者不做廟堂之龜

　　魯君聞顏闔得道之人也，使人以幣（幣帛）先焉。顏闔守陋閭（窮巷），苴布（麻布）之衣，而自飯（餵）牛。魯君之使者至，顏闔自對（應對）之。使者曰：「此顏闔之家與？」顏闔對曰：「此闔之家也。」使者致幣。顏闔對曰：「恐聽者謬而遺使者罪，不若審之。」使者還，反審之，復來求之，則不得已！故若顏闔者，真惡富貴也。

　　顏闔惡富貴，當魯君想召他出來做官，並且派人先送幣帛給他以表心意時，他竟設計逃跑了。

　　顏闔的生活十分艱苦，住在窮巷，穿麻布衣，親自餵牛，恐怕是個貧苦農民。

　　顏闔志高行廉，足智多謀。當使者上門致幣時，他說「恐怕聽錯了而致罪使者」，要使者回去稽核一下魯君到底讓使者把幣帛送給誰，他自己卻乘機溜走了。

　　面對富貴，顏闔避之唯恐不及，這與曹商之流為求富貴而為人舐痔，形成鮮明的對比。前者高潔可敬，後者骯髒可惡！

　　屠羊說也是有名的隱士，堅決不受楚昭王的賞賜，寧願以屠羊為業。〈讓王〉文中寫道：

　　楚昭王失國，屠羊說走而從於昭王。昭王反（返）國，將賞從者，及屠羊說。屠羊說曰：「大王失國，說失屠羊。大王反（返）國，說亦反（返）屠羊。臣之爵祿已復矣，又何賞之有？」王曰：「強之。」屠羊說曰：「大王失國，非臣之罪，故不敢伏其誅；大王反（返）國，非臣之功，故不敢當其賞。」

三、心隱而身不隱

這裡屠羊說反覆陳說理由，拒絕受賞。甚至在楚昭王強令他受賞時，他仍據理力爭。後來楚昭王要接見他，他又以楚國的法律「必有重賞大功而後得見」為據辭之。這使楚昭王更為感動，覺得屠羊說「居處卑賤而陳義甚高」，要「延之以三旌之位」。屠羊說又推辭說：

夫三旌之位，吾知其貴於屠羊之肆也；萬鍾之祿，吾知其富於屠羊之利也。然豈可以貪爵祿而使吾君有妄施之名乎？說不敢當，願復反（返）吾屠羊之肆。

屠羊說既不受賞，也不見楚昭王，表現了高尚的節操。

「三旌之位」即卿位，所謂「一命而士，再命而大夫，三命而卿」。卿位與屠羊之肆相比，萬鍾之祿與屠羊之利相比，有天壤之別，不可同日而語。但屠羊說對此毫不動心，甚至冒著抗命獲罪的危險，堅辭不受，而把屠羊之肆作為其安身立命之處。

孔的學生曾子（名參），在〈讓王〉篇中也是隱士，安貧樂道。

曾子居衛，縕袍（亂麻作絮的袍子）無表，顏色腫噲（腫而有病色），手足胼胝，三日不舉火，十年不製衣。正（整）冠而纓（繫帽繩）絕，捉衿（襟）而肘見（現），納屨（穿鞋）而踵決（鞋跟裂斷）。曳縱而歌〈商頌〉，聲滿天地，若出金石。天子不得臣，諸侯不得友。

第八章　真隱者不做廟堂之龜

這個故事講得有聲有色，豁然大度的曾子躍然紙上。

曾子的日子過得十分艱難。「三日不舉火」，可能是缺柴少米，故餓得面部浮腫且有病色。「十年不製衣」，因而穿得舊而破。一件用亂麻作絮的袍子，連外罩也沒有。一整帽子，繫帽子的繩就斷了；一拉衣襟，臂肘就露出來了；一提鞋，鞋跟就斷裂了。即使這樣，曾子還要親自勞動，手腳都磨出一層厚厚的繭子。

然而，身處窘境的曾子豁達樂觀，毫無苦惱。他放聲高歌〈商頌〉。〈商頌〉是《詩經》的一部分，其內容多為歌功頌德。《禮記·樂記》中說：「肆直而慈愛者，宜歌商。」看來，曾子是個豪爽正直且有愛心的人。他唱〈商頌〉的歌聲嘹亮響徹雲霄，清脆如金石相擊，令天下人讚嘆不已。

「天子不得臣，諸侯不得友」，其中一個「得」字最傳神。「得」表示客觀情況不允許，不是主觀上不努力。曾子高潔的品格，為世人景仰，諸侯乃至天子也要附庸風雅；但是，曾子對他們不屑一顧，因而說「不得」。

原憲也是孔子的學生，同曾子一樣，身居陋室但氣節甚高。〈讓王〉文中描繪說：

原憲（字子思）居魯，環堵之室，茨（用草苫房）以生草，蓬（一種草）戶不完，桑以為樞（門軸）而甕牖（窗），二室，褐以為塞，上漏下溼，匡（正）坐而絃歌。子貢乘大馬，中紺（紅青色）而表素（白色），軒車不容巷，往見原憲。原

三、心隱而身不隱

憲華冠縰（屣）履，杖藜而應門。子貢曰：「嘻！先生何病？」原憲應之曰：「憲聞之，無財謂之貧，學而不能行謂之病。今憲貧也，非病也。」子貢逡巡而有愧色。原憲笑曰：「夫希世而行，比周而友，學以為人，教以為己，仁義之慝，輿馬之飾，憲不忍為也。」

原憲和子貢兩個老同學相見，本應該親熱一番，共敘同窗之誼，卻因志不同而道不合，一見面就話不投機，原憲把子貢狠狠地批評了一頓。

原憲的貧困和子貢的富貴形成了鮮明對比：原憲的居室狹小，草房頂上長出高高的青草，蓬草編成的小門有好幾個破洞，門軸用桑樹條代替，用破甕作視窗，一室兩分，用粗布爛衣隔開，屋頂漏雨，地面返潮。因原憲所居小巷太窄進不了軒車，子貢只好乘著大馬來到原憲家門前。

這時，原憲正端坐在門口，一邊彈琴一邊唱歌，聽說老同學來了，趕緊出來迎接。原憲一看子貢，衣飾華麗，裡衣紅青色，外衣白色。子貢一看原憲，頭戴一頂爛開花的帽子，腳穿露出腳趾的破鞋，手拄一根藜杖。兩人互相打量，都很驚訝。他們誰也沒料到，幾年不見，對方竟成了如此模樣。

還是子貢打破了尷尬，但他一句「先生何病」，招來了原憲的挖苦和諷刺。原憲說「無財謂之貧，學而不能行謂之病」，意思是說自己雖然沒錢，但不失節，只能稱貧；而子貢學到的東西不能實踐，是失節行為，才是真正的「病」。原憲

第八章　真隱者不做廟堂之龜

關於「貧」和「病」的辨析，擊中了子貢的要害，使之羞愧得無地自容、逡巡後退。

「希世而行，比周而友，學以為人，教以為己」，是原憲對名利之徒的揭露和抨擊，不僅僅指子貢一人。名利之徒，善於看風使舵，拉幫結夥，搞小團體、小宗派，狼狽為奸。這種人學習是為了抬高自己的身分，而不準備去實行，口頭上說一套，做起來又是另一套，表裡不一，陽奉陰違。如果教學的話，這種人又以抬高自己的聲譽為目的，因而譁眾取寵、虛張聲勢，對當權者無恥吹捧，對耿介之士造謠汙衊，卑鄙至極！

四、垂範千古

在長期處於君主專制的中國封建社會裡，中國的知識分子所熱衷的仕途，是一條「難於上青天」的蜀道。君主專制制度本身就是套在知識分子頭上的枷鎖，再加上朝廷權貴的控制和門閥勢力的壟斷，使他們很快從失望到絕望，發出「舉杯斷絕歌路難」的悲嘆。

而一部分步入仕途的知識分子，當他們發現自己陷身於一個腐臭熏天、烏煙瘴氣的「醬缸」時，便感到莫大的恥辱和悲哀。

所以，在中國特殊的封建社會環境裡，莊子笑傲權貴、敝屣功名而追求獨立人格和自由的節操，垂範於中國歷史士林，並形成了一種優良的傳統。這種傳統，歷經兩千多年而不衰。茲略舉數例：

建安時期，早年「任意而行，不自雕勵」的曹植，頗有「戮力上國，流惠下民；建永世之業，流金石之功」的宏偉抱負。但他在早年的作品〈七啟〉中，假託玄微子的名義，表達了他對莊子笑傲權貴、敝屣功名的節操的仰慕。他說：

夫太極之初，渾沌未分，萬物紛錯，與道俱隆。蓋有形必朽，有跡必窮。茫茫元氣，誰知其終？名穢我身，位累我躬。竊慕古人之所志，仰老莊之遺風。假靈龜以託喻，寧掉尾於塗中。

第八章　真隱者不做廟堂之龜

曹植自稱「仰老莊之遺風」，這段文字從思想到語言，無不出於《莊子》。

「茫茫元氣，誰知其終」一句，問得好！其終者，唯有虛無之道。人來於虛無，歸於虛無，那名聲和地位對人有什麼必要呢！故曹植有「名穢我身，位累我躬」的感慨。

曹植是曹操之子，養尊處優，與莊子窮困潦倒的處境迥然不同。但是，統治階級內部爭權奪利，「一個個像烏眼雞似的，恨不得你吃了我、我吃了你」，使他對名位厭倦了，因而悟得了莊子靈龜之喻的真意，「寧掉尾於塗中」了。

正始時期的阮籍，在其青少年時代曾懷有強烈的進取心和流芳千古的抱負。《晉書・阮籍傳》中這樣描繪他：「志氣宏放，胸懷高遠，有濟世之志。」、「嘗登廣武，觀楚漢戰場，嘆曰：『時無英雄，使豎子成名。』」他還曾在〈詠懷〉（三十八）中譏笑莊子說：「視彼莊周子，榮枯何足賴。捐身棄中野，烏鳶作患害。豈若雄傑士，功名從此大！」然而，到司馬氏以殺伐手段奪取了曹魏政權，又以虛偽的「名教」為工具實行黑暗的政治統治時，他幻想的功名化為了泡影。於是，他的態度來了個一百八十度的大轉彎，開始不滿現實，進而鄙視庸俗猥瑣、趨炎附勢的禮法之士，仰慕莊子獨立的人格和自由精神。他寫的〈大人先生傳〉，對名利之徒的無恥和卑鄙做了無情的撻伐，頗有莊子之風。

四、垂範千古

嵇康與阮籍同時，公開聲稱以老莊為師，言行更為激烈。他在著名的〈與山巨源絕交書〉中，對山濤賣身投靠權貴的卑劣行徑嬉笑怒罵，明確表示了自己不與統治者同流合汙的決心。

陶淵明生活在晉、宋之際，當時政治更加腐敗。他曾出入於儒、道之間，在「仕」與「隱」之間徘徊。最後，昏暗的官場生活使他徹底絕望了。他毅然與現實決裂，高唱「歸去來兮，請息交以絕遊。世與我而相違，復駕言兮焉求」，而歸隱田園。

「世與我而相違」，大概就是莊子所說的「時命大謬」吧。在汙濁的官場和清白的人格不可調和的衝突中，陶淵明選擇了後者，因而流芳百世。

唐代大詩人李白的詩歌，曾發出「大鵬一日同風起，扶搖直上九萬里。假令風歇時下來，猶能簸卻滄溟水」的千古絕唱；但更多的是笑傲權貴、敝屣功名的篇章，例如「黃金白璧買歌笑，一醉累月輕王侯」，又如「作人不倚將軍勢，飲酒豈顧尚書期」，也有「人生在世不稱意，明朝散髮弄扁舟」一類的詠嘆。

/ 第八章　真隱者不做廟堂之龜

第九章　適性的智慧

莊子行於山中,見大木(樹),枝葉盛茂。伐木者止其旁而不取也。問其故,曰:「無所可用。」莊子曰:「此木以不材得終其天年。」夫子(莊子)出於山,舍於故人之家。故人喜,命豎子(童僕)殺雁(鵝)而烹之。豎子請曰:「其一能鳴,其一不能鳴,請奚殺?」主人曰:「殺不能鳴者。」明日,弟子問於莊子曰:「昨日山中之木,以不材得終其天年;今主人之雁,以不材死。先生將何處?」莊子笑曰:「周將處乎材與不材之間。」

莊子答弟子之問,機智幽默,瀟灑自然。

莊子一笑,是會心的一笑。本來世間萬物「材」與「不材」,都是相對而言,並且因時空條件的不同而彼此轉化,可這個偏執的弟子非要先生選擇其一。

「處乎材與不材之間」,反映了莊子處世的靈活性和辯證法思想,以及由此在充滿矛盾的人間世對人生的掌握。而莊子處世的靈活性和辯證法思想,可以概括為一個「遊」字,所以,只要掌握了遊世的藝術,就像魚歸大海、鳥翔高空,無論人間有多少虎豹豺狼和高山險灘,都暢通無阻、平安無事。

第九章　適性的智慧

一、庖丁解牛

「庖丁解牛」出自〈養生主〉，是一則著名的寓言故事。

庖丁為文惠君解牛。手之所觸，肩之所倚，足之所履，膝之所踦（倚，抵住），砉然響然，奏（進）刀騞然，莫不中音（音樂），合於〈桑林〉（湯時樂曲名）之舞，乃中〈經首〉（堯時咸池樂曲中的一章）之會（音節）。

這庖丁哪裡是在解牛，分明是伴著堯時的〈經首〉樂曲在跳湯時的〈桑林〉之舞！庖丁舉手投足，優美不亞於趙飛燕、楊貴妃的舞姿；庖丁進刀發音，動人不亞於貝多芬、莫札特的鋼琴流出的樂曲。

庖丁的表演天衣無縫、淋漓盡致，文惠君看得如醉如痴，情不自禁地拍案叫絕：

文惠君曰：「嘻，善哉！技蓋（何）至此乎？」庖丁釋刀對曰：「臣之所好者道也，進乎技矣。始臣之解牛之時，所見無非牛者；三年之後，未嘗見全牛也；方今之時，臣以神遇而不以目視，官知止而神欲行。依乎天理，批大郤（筋骨間的空隙），導大窾（骨節間的竅穴），因其固然。技（枝）經肯（附在骨頭上的肉）綮（筋骨連線的地方）之未嘗，而況大軱（髀骨）乎！良庖歲更刀，割也；族（多數）庖月更刀，折也；今臣之刀十九年矣，所解數千牛矣，而刀刃若新發於硎（磨刀石）。彼節者有間而刀刃者無厚，以無厚入有間，恢恢乎其

一、庖丁解牛

於遊刃必有餘地矣。是以十九年而刀刃若新發於硎……」文惠君曰:「善哉!吾聞庖丁之言,得養生焉。」

庖丁以「進乎技」之「道」,回答文惠君「技蓋至此」的提問。

庖丁解牛,經歷了三個階段。一是「所見無非牛者」階段,即對牛的生理結構還不了解的階段。二是「未嘗見全牛」階段,這時庖丁對牛的生理結構已經瞭如指掌,故動刀時只考慮牛身體的結構關係,而不注意牛的整體。三是「以神遇而不以目視,官知止而神欲行」階段,這時其對牛的生理結構已經爛熟於心,不需要用眼睛去看了。因而在解牛時,所有感官都停止活動,只有精神與解牛的動作同步進行。這是出神入化的階段,手與心的距離消失了,庖丁從此走出必然而進入了自由的天地。他順著牛的生理結構,刀擊筋骨之間,刺向骨節之內,從未碰到經絡筋骨聯結的地方,更不用說砍到大塊骨頭上了!

較好的廚工一年換一把刀,一般的廚工一個月就要換一把刀,而庖丁用的刀十九年解牛數千,卻依舊像剛剛磨過一樣。這是因為他們的用刀之法不同。庖丁用刀是「遊」,以無厚的刀刃在有空的關節之間遊來遊去,如魚得水,不僅碰不到關節上,還寬寬綽綽並有迴旋之地。而一般的或較好一點的廚工,不是割就是折,刀刃不時撞擊筋骨,所以刀很快就壞了。

第九章　適性的智慧

庖丁的解牛刀十九年常新,得力於他的「遊刃」之法。而「遊」的功夫,是庖丁十九年求道並且得道的結果。「遊刃」不是技術,而是藝術,達到了出神入化、鬼斧神工的境界。

文惠君聽完庖丁的故事,頓有所悟,他高聲喊道:「吾聞庖丁之言,得養生焉。」意思是,他從庖丁的話中,悟出了養生之道。

文惠君悟出的養生之道包括哪些內容,說者或謂專指養神,不可從。因為〈養生主〉篇中開頭就說得明白:「為善無近名,為惡無近刑,緣督(刑、名之間)以為經,可以保身,可以全生,可以養親,可以盡年。」養生包括「保身」,且是第一位的,所以,文惠君所說的養生之道,也包括安身立命的處世之道。

另外,庖丁解牛是一個流傳很廣的故事。其寓意仁者見仁,智者見智。《管子‧制分》談兵,用它來說明用兵攻敵要乘虛而入,不過把解牛者叫做「屠牛坦」。《呂氏春秋》把它和伯樂相馬的故事相提並論,以論證精神專一的作用。《淮南子‧齊俗》用它來論證:同一個東西,由於用它的人不同、用法不同,效果就不一樣。但在具體的文章裡,它的寓意必須是明確的。

從庖丁解牛的故事中探索處世之道,可得以下三點:

第一,處世要求道。大千世界,人間萬事,紛紛擾擾,

變動不居,初看似如全牛、混沌一片;但深入體會,認真分析後,便會發現其中有「道」、有規律可循,就像牛的身體一樣,固然有經絡筋骨聯結的地方,甚至有大塊的骨頭,但有「天理」。

第二,在了解世情、掌握規律的基礎上,確定「遊刃」的路線。為避禍免患,要擊虛避實,躲開人間世的「技經肯綮」和「大」,專門以「無厚入有間」。明確地說,就是「為善無近名,為惡無近刑,緣督以為經」,即在「刑」與「名」之間遊來遊去。因為有「名」則失性,犯「刑」則傷身。

第三,處世猶如解牛,「遊刃」必有餘地,必須由技進乎道,且不可以玩弄雕蟲小技而沾沾自喜。

由此可見,莊子借庖丁解牛的故事,大談處世哲學,並以庖丁出神入化、鬼斧神工的解牛表演,展現了他處世的藝術心態。如果得莊子處世之道的精華,人就會像庖丁手中的解牛刀那樣,擊虛避實,在人間世遊來遊去,安然無恙。

第九章　適性的智慧

二、神人不材

〈人間世〉一文,專論處世之道或遊世藝術,簡直是莊子的一篇處世哲學導言。我們在本文開頭提到的「材」與「不材」,在〈人間世〉文中被反覆論述。

先看,「不材」的例子:

匠石之(往)齊,至於曲轅(地名),見櫟(樹名)社樹(被拜為土地神的樹)。其大蔽數千牛,絜(用繩子量)之百圍,其高臨山十仞而後有枝,其可以為舟者旁(方,且)十數。觀者如市,匠伯不顧,遂行不輟(止)。弟子厭觀(飽看)之,走及匠石,曰:「自吾執斧斤以隨夫子,未嘗見材如此其美也。先生不肯視,行不輟,何邪?」曰:「已矣,勿言之矣!散木也。以為舟則沉,以為棺槨則速腐,以為器則速毀,以為門戶則液樠,以為柱則蠹(生蛀蟲而被蛀蝕),是不材之木也。無所可用,故能若是之壽。」

這株被拜為土地神的櫟樹高大無比,樹冠遮蔽幾千頭牛,樹幹周長百圍,樹高出山頂十仞,樹枝可造舟的將近十枝,以致觀者如市。匠石的弟子視之為前所未見之美材,匠石卻不屑一顧。

究其原因,是匠石早知櫟社樹是「散木」,即不材之木,「以為舟則沉,以為棺槨則速腐……」。但是,匠石發現了櫟

二、神人不材

社樹能「若是之壽」的原因是「無所可用」。也就是說，櫟社樹之所以長得高大無比且如此長壽，是因其無用。

> 匠石歸，櫟社見夢曰：「女將惡乎比予哉？若將比予於文木邪？夫柤梨橘柚果蓏之屬，實熟則剝。剝則辱；大枝折，小枝洩（通「抴」，即為「曳」，拉扭）。此以其能苦其生者也。故不終其天年而中道夭（折），自掊擊於世俗者也。物莫不如是，且予求無所可用久矣！幾（幾乎）死，乃今得之，為予大用。使予也而有用，且得有此大也邪？且也若與予也皆物也，奈何哉其相物也？而幾死之散人，又惡知散木？」匠石覺而診其夢。弟子曰：「趣（趨）取無用，則為社何邪？」曰：「密，若無言，彼亦直寄焉！以為不知己者詬厲（辱罵）也。不為社者，且幾有翦乎！且也彼其所保與眾異，而以義（常理）喻之，不亦遠乎！」

櫟社託夢，道出「文木」即成材之木不能終其天年的原因，以及無用為大用的道理。

「以其能苦其生者」，即因其才能有用而使自己終生受苦者，何止「柤梨橘柚果蓏之屬」，萬物莫不如此。一旦被發現有用，必然備受摧殘。而摧殘者的手段殘忍，無所不用其極。如「柤梨橘柚果蓏之屬」，不僅果實成熟後遭剝見辱，還牽連大枝小枝。

由此可見，物一旦被發現為材可用，就身處險境而在劫難逃了。有大材者受大摧殘，有小材者受小摧殘。或以為自

第九章　適性的智慧

己有才而被重視是大好事，於是就得意忘形，不知所以，但實際上成了被重點摧殘的對象。眾人爭先下手，甚至殺雞取卵，非欲置之死地瓜分完畢而後快！

櫟社說：「故不終其天年而中道夭，自掊擊於世俗者也。」把物遭打擊歸咎於其自身，雖屬偏激之詞，但不無道理可論。物競相成材，成材則引人注目，引人注目則必被人用。早成材，快成材，必然「不終其天年而中道夭」。此即「自掊擊於世俗者也」，或謂自取滅亡。

櫟社真是智者，大徹大悟，長期追求無用而不追求成材。所以，儘管幾次劫後餘生，險些被伐掉，但櫟社終於實現了無用的願望，因而興奮不已。櫟社的價值觀與眾相反，眾物皆以成材有用為榮，苦苦追求，由此招致了滅頂之災的早日來臨。而櫟社追求的是不材無用，故「得有此大」。簡言之，眾物以有用為大用，而櫟社以無用為大用。

「趣取無用，則為社何邪？」這是弟子在匠石占夢時提出的疑問，意思是說：「既然櫟樹追求無用，那為什麼去做起土地神呢？做土地神不就有用了嗎？」匠石解釋，櫟樹為社，只是掛個牌子保護自己罷了。因為在一般人眼裡，櫟樹還是有用的，例如匠石的弟子，就視其為前所未見的美材。所以，櫟樹為社「以為不知己者詬厲」，才免於被砍伐之災。這有點像我們今天保護古樹，保護機構掛一個牌子，上面寫明不許人砍伐或破壞。

二、神人不材

做到無用且不為人所用,是多麼艱難!本來無用,卻被人誤以為有用,於是只好掛個招牌,任人辱罵。所以無用者不僅不材,甚至有時會生有毒素。

南伯子綦遊乎商之丘,見大木焉,有異:結駟千乘。隱,將芘其所藾(蔭)。子綦曰:「此何木也哉!此必有異材夫!」仰而視其細枝,則拳曲而不可以為棟梁;俯而視其大根(樹幹下部),則軸(中心)解而不可以為棺槨;咶(舐)其葉,則口爛而為傷;嗅之,則使人狂酲三日而不已。子綦曰:「此果不材之木也,以至於此其大也。嗟乎,神人以此不材。」

這商之丘的大樹,跟匠石在曲轅所見的櫟社樹一樣,都是不材之木。但就其不材來說,前者比後者有過之而無不及。

曲轅的櫟社樹,實際不材而表面上看來是美材,故匠石的弟子驚羨不已,生砍伐意。這商之丘的大樹則大不相同,它不僅細枝拳曲不能做棟梁,主幹鬆散不能為棺槨,且有劇毒傷人,舔其葉者爛口,嗅其味者大醉如狂三日不癒,誰還敢近之!故子綦驚嘆:「此果不材之木也!」一個「果」字最為傳神。此木不僅不材無用,還使人根本不敢用,有很強的自衛能力。

「神人以此不材」,一語道破真機。「醉翁之意不在酒」,莊子反覆申論木之不材、以無用為大用,意在以此喻為人處世之理。神人取法自然,以不材處世,以無用為大用,故能

第九章　適性的智慧

避禍除患、頤養天年。

上面舉不材的例子，已涉及「材之患」的內容，下面再舉一個「材之患」的例子：

宋有荊氏（地名）者，宜楸柏桑。其拱把而上者，求狙猴之杙（木樁）者斬之；三圍四圍，求高名之麗（棟梁）者斬之；七圍八圍，貴人富商之家求樿傍（單幅板的棺材）者斬之。故未終其天年而中道之夭於斧斤，此材之患也。故解（禱）之以牛之白顙（額）者，與豚之亢（高）鼻者，與人有痔病者，不可以適（往）河。此皆巫祝以知之矣，所以為不祥也。此乃神人之所以為大祥也。

這個例子旨在說明材為患、不材為祥。

楸、柏、桑三種樹木，粗到兩手合握，就屢屢遭劫。先是養猴的伐之做木樁拴猴，然後是造房的伐之做棟梁，再然後是貴人富商之家伐之做棺材。這三種人，只是舉例而已。其實，凡成材之木，無時不被人覬覦，因而隨時有被人砍伐的危險。「材之患」是無法免除的，因為材與患並生，直到材被用為止。

同理，人一成才，患亦並至，只不過人才之患比木材之患更甚。這是上述寓言的共同寓意。

前面的例子中，曾提到「牛之白顙者，與豚之亢鼻者，與人有痔病者」，因其「不可以適河」，即不能作為祭品丟到河裡去，而倖存下來。在巫祝的眼裡，白額的牛、高鼻的小

二、神人不材

豬、生痔瘡的人，都是不祥之物，但這些不祥之物恰恰因其不祥而倖存下來，故神人以不祥為大祥。

樹之不材者存身相當容易，人要不才卻相當困難。這是因為，樹是自在之物，而人是有自控能力的，有追求知識、追求進步的本能。所以，莊子所主張的以「無用為大用」處世，主要不是「支離其形」，而是「支離其德」。他舉例分析說：

> 支離疏者，頤隱於齊，肩高於頂，會撮（髻鬠，髮髻）指天，五管（五臟之腧）在上，兩髀為脅，挫（拿）針治繲（舊衣），足以餬口；鼓筴（箸草）播精，足以食十人。上徵武士，則支離攘臂於其間；上有大役，則支離以有常疾不受功；上與病者粟，則受三鍾與十束薪。夫支離其形者，猶足以養其身，終其天年，又況支離其德者乎！

支離疏是假設的人名，取支離破碎的意思，以示形體不健全。

支離疏殘疾在身，相貌醜陋得讓人噁心，他不僅靠為人縫補舊衣養活了自己，還占卜算卦，雖然騙錢不算光彩，但是足以供養十個人。更令人羨慕的是，他因殘疾不僅不用去當差，還得到了官方的救濟，米三鍾，柴十把。

支離其形者足以養其身而終其天年，自由自在地遊於人間，但不可能人人都支離其形。莊子本人是不願意看到也不能做到支離其形的。

第九章　適性的智慧

「支離其德」，就是使其道德在世俗看來是不正常的、有毛病的。與世俗格格不入，被世俗認為是狂人、是瘋子，一無所用，就不會被人所用，從而免於禍患，自由自在地遊於人間。

所謂「神人不才」，就是「支離其德」。被世俗看作無用，對自己正是大用。莊子一發現這個道理，就對芸芸眾生大喊起來：

山木，自寇也；膏火，自煎也。桂（桂枝）可食，故伐之；漆可用，故割之。人皆知有用之用，而莫知無用之用也！

莊子慷慨地把他的發現公諸於世，但兩千多年來，人世滄桑，渺茫難求，一代一代的芸芸眾生中，到底有多少人是他的知音呢？

三、入遊其樊

莊子對當時社會的理解，其深刻程度獨一無二。〈山木〉篇中記述：

莊子衣大布（粗）而補之，正廮（腰帶）繫履而過（訪）魏王。魏王曰：「何先生之憊（疲乏）邪？」莊子曰：「貧也，非憊也。士有道德不能行，憊也；衣弊（破）履穿，貧也，非憊也，此所謂非遭時也。王獨不見夫騰猿乎？其得柟（楠）梓豫章也，攬蔓（攀）其枝而王長其間，雖羿、蓬蒙不能眄睨（斜視）也。及其得柘棘枳枸之間也，危行側視，振動悼（懼怕）慄（戰慄），此筋骨非有加急而不柔也，處勢不便，未足以逞其能也。今處昏上亂相之間而欲無憊，奚可得邪？此比干之見剖心，徵也夫！」

「今處昏上亂相之間」，是對當時社會的真實寫照。「此比干之見剖心，徵也夫」，是把當時和殷朝末年相提並論，把當時的「昏上」和歷史上有名的暴君殷紂相提並論。

莊子對「貧」和「憊」的辨析，表現了其對現實政治和「昏上亂相」的強烈不滿。「騰猿」處勢前後形成的對比，表現了「今處昏上亂相之間」的艱難。欲無憊而不得，昏相亂相執政，使多少人才窮困潦倒，才華埋沒！

更為嚴重的是生存受到嚴重威脅，世道如「柘棘枳枸之間」，「昏上亂相」如虎豹豺狼，要避禍免患，非有高超的遊

/ 第九章　適性的智慧

世藝術不可。〈人間世〉文中就遊世藝術舉了不少例子。

顏回從其師仲尼（孔子）那裡得「心齋」之法，師生二人有這樣一段對話：

顏回曰：「回之未始得使（受心齋之法），實自回也；得使之也，未始有回也，可謂虛乎？」夫子曰：「盡矣！吾語若：若能入遊其樊而無感其名，入則鳴，不入則止。無門無毒，一宅而寓於不得已則幾矣……」

這段話也出自《莊子‧人間世》，背景是：衛君無道，置民於水火。顏回要去衛國說服衛君。行前，他請其師仲尼指教，仲尼授之「心齋」之法。所謂「心齋」，實即一個「虛」字，「虛心若鏡」，排除一切私心雜念。

「入遊其樊而無感其名」，謂入遊衛國而不為名利動心。以「樊」比喻衛國，真是形象極了！老百姓掙扎在水深火熱之中，不是牢籠又是什麼！人世禍患，多來自爭名逐利。孔子爭名，因而「再逐於魯，伐樹於宋，削跡於衛，窮於商周，圍於陳蔡之間」，十四年惶惶然不可終日，纍纍若喪家之犬。逐利之徒，正如「螳螂捕蟬，異鵲在後」所諷刺的那樣，一見有利可圖，便兩眼死死盯住，捨命相爭，不知身後有人正要謀害自己。故其得意忘形之時，實為滅頂之災降臨之際。

「入則鳴，不入則止」，是仲尼告誡顏回「入遊其樊」後要隨機應變，看風使舵，且不可不知進退。

三、入遊其樊

「無門無毒」,也是一個妙不可言的比喻。顏回曾引用其師仲尼的話 ——「醫門多疾」,表示自己要去救治衛國。「無門無毒」就是針對顏回自以為有回天之術說的。顏回以醫師自比,企圖把衛國的病症治好,以求功名,頗為自負。「無門」,是說不要擺出醫師的門面;「無毒」,是說不要把自己的主張看作治病的藥方。「一宅而寓於不得已」是「無門無毒」的注解,意思是託心於無可奈何的境地,與世無爭。

《莊子·山木》文中,孔子被圍於陳蔡之間,七天沒吃到熟食,大公任慰問他時說:

> 予嘗(試)言不死之道。東海有鳥焉,名曰意怠。其為鳥也,翂翂翐翐(飛行遲緩貌),而似無能,引援(跟隨)而飛,迫脅(擠在中間)而棲(息);進不敢為前,退不敢為後;食不敢先嘗,必取其緒(剩餘)。是故其行列不斥(排斥),而外人卒不得害,是以免於患。直木先伐,甘井先竭(乾涸)。子其意飾知(智)以驚愚,修身以明汙。昭昭乎如揭(舉)日月而行,故不免也。

大公任的意思是,與世無爭,患不及身;出人頭地,患不可免。

東海意怠之鳥,笨拙無能,飛時跟在後面,棲息時夾在中間,進不敢前,退不敢後,食不敢爭先,只撿點剩粒。但這種鳥活得太太平平,同群之鳥不排斥,外人不得加害,因為其似無能並且與世無爭。

第九章　適性的智慧

相反，直木成材，故先被砍伐；甘井水美，故先乾涸。同理，人有意修身潔行而使別人顯得汙濁，有意美化心智而使別人顯得愚蠢，這就像舉著日月炫耀自己，使自己成為眾矢之的，故患不可免。俗語說「人怕出名豬怕壯」，講的也是這個道理。

在《莊子‧人間世》中，葉公子高將使於齊，行前求教於孔子，提到人之患有兩種：一種為「人道之患」，即人事之患；另一種為「陰陽之患」，指喜怒哀樂等情感變化導致的陰陽失調，傷害身心。孔子以「行事之情而忘其身」答之，意思是從實際出發，不以物喜，不以己悲。其後又說：

丘請復以所聞：凡交近則必相靡（親）以信，遠則必忠之以言。言必或傳之。夫傳兩喜兩怒之言，天下之難者也。夫兩喜必多溢美之言，兩怒必多溢惡之言。凡溢之類妄，妄則其信之也莫（漠，淡漠），莫則傳言者殃。故法言（格言）曰：「傳其常情，無傳其溢言，則幾乎全。」且以巧鬥力者，始乎陽，常卒乎陰，泰至則多奇巧；以禮飲酒者，始乎治，常卒乎亂，泰至則多奇樂。凡事亦然，始乎諒，常卒乎鄙；其作始也簡，其將畢也必巨。言者，風波也；行者，實喪也。夫風波易以動，實喪易以危。故忿設無由，巧言偏辭。獸死不擇音，氣息茀（通「勃」）然於是並生心厲。剋核太至，則必有不肖之心應之而不知其然也。苟為不知其然也，孰知其所終！故法言曰：「無遷令，無勸成。過度益也。」遷令勸成殆事。美成在久，惡成不及改，可不慎與！且夫乘物以遊心，託不得已以養中，至矣。何作為報也！莫若為致命，此其難者。

三、入遊其樊

這裡,孔子講的是在兩者之間傳言的藝術,並以古代格言證之。

遊於兩者之間而傳言,要使雙方都高興或惱怒,一般無法做到。如果傳言者說謊,添油加醋,一旦被人發現,則殃及自身,故要「傳其常情」而不傳那些導致兩喜兩怒的溢言。所謂「常情」,即基本內容。

格言「無遷令,無勸成」,是從反面表達「傳其常情」的意思。傳言切忌主觀行事,不要為促使雙方成事而妄改「常情」。「言者,風波也;行者,實喪也」,其意是說,言則風波起,作則得失生,一切順其自然罷了。

還是在〈人間世〉文中,顏闔將要做衛靈公的太子的老師,上任之前,就向衛國的賢大夫蘧伯玉請教說:「衛太子天生殘暴,嗜殺人。如果對他不講原則,就會危害國家;如果對他講原則,就會危害自身。這個傢伙的智力僅能夠了解人的過錯,而不能夠了解人犯錯的原因。對這樣一個頑冥不化的人,我該怎麼辦呢?」蘧伯玉回答說:

善哉問乎!戒(警惕)之慎之,正女身哉!形莫若就,心莫若和。雖然,之(此)二者有患。就不欲入,和不欲出。形就而入,且為顛為滅,為崩為蹶;心和而出,且為聲為名,為妖為孽。彼且為嬰兒,亦與之為嬰兒;彼且為無町畦(約束),亦與之為無町畦;彼且為無崖,亦與之為無崖;達之,入於無疵。

第九章　適性的智慧

　　蘧伯玉所講的辦法，是遊於「有方」與「無方」之間。

　　「戒之慎之，正女身也哉！」這句話是說與生性殘暴嗜殺的衛太子相處時，要時時警惕，處處小心。因為像衛太子一類的傢伙，總是喜怒無常、心黑手辣，隨時在威脅著你的生存。一時疏忽，就可能為其吞噬。

　　「形莫若就，心莫若和」，意思是外表上最好接近他，內心裡最好多順從他。但這樣並不能徹底免於患，還要注意掌握分寸才行。這個分寸就是「就不欲入，和不欲出」，意思是接近而不要陷進去，順之而又不太顯露。換言之，就是遊於「有方」與「無方」之間，既要有原則，又要無原則，隨機應變，見風使舵。

　　至於必須堅持「就不欲入，和不欲出」的原因，是由於「形就而入，且為顛為滅，為崩為蹶；心和而出，且為聲為名，為妖為孽」。這句話大意是說，對衛太子這樣的人，如果你在表面上接近他而終於陷入其中不能自拔，就會墮落毀滅、栽大跟頭；如果你在內心裡順從他而終於顯露出來，就會變成名利之徒，如同妖孽而為人唾棄。簡言之，就是既不違逆而喪其身，也不同流合汙而喪其德，出入於「有方」與「無方」之間。

　　怎樣運用「就不欲入，和不欲出」的對策呢？莊子講得最具體，即所謂「彼且為嬰兒，亦與之為嬰兒；彼且為無町畦，

也與之無町畦;彼且為無崖,亦與之為無崖;達之,入於無疵」和「嬰兒」、「無町畦」、「無崖」三個比喻。

與衛太子之流周旋,務必注意三點,蘧伯玉一一舉例說明之。其一是量力而行,他對顏闔說:

汝不知夫螳螂乎?怒(奮舉)其臂以當(擋)車轍,不知其不勝任也,是其才之美者也。戒之慎之,積伐(多次誇耀)而美者以犯之,幾矣。

螳螂看到大車隆隆駛來,就想藉機顯示一下自己的力量,於是奮舉其臂以擋車輪,其下場可想而知。有鑒於此,蘧伯玉告誡顏闔說,要警惕,如果自恃其才而炫耀之,肯定會觸犯衛太子,這就和螳臂當車差不多了。

其二是順而不強逆之。蘧伯玉說:

汝不知夫養虎者乎?不敢以生物(活動物)與之,為其殺之(生物)之怒也;不敢以全物與之,為其決(裂)之之怒也。時其飢飽,達其怒心。虎之與人異類,而媚養己者,順也;故其殺者,逆也。

蘧伯玉以虎比喻衛太子,其實專制統治者上至皇帝,下到小吏,狠毒殘暴無不如虎。古代格言中曾有「伴君如伴虎」的說法,為此而丟掉性命的人不計其數。

「虎之與人異類」,意即衛太子之流沒有人性,故不能以人待之。

第九章　適性的智慧

虎「媚養己者」，順之者生，逆之者死。這一點是毋庸置疑的。所以，對付衛太子之流，只能「時其飢飽，達其怒心」，即密切注視其思想情緒變化，盡量使其在可能發怒時平靜下來，因為虎怒就會傷人。

其三是時時警惕，不掉以輕心。蘧伯玉說：

夫愛馬者，以筐盛矢（屎），以蜄（大蛤）盛溺（尿）。適有蚊虻僕緣（叮咬），而拊（拍打）之不時，則缺銜毀首碎胸。意有所至而愛有所亡（失），可不慎邪？

愛馬者愛得無微不至，雙手舉筐接馬糞，用大蛤蜊殼去接馬尿，又臊又臭，卻樂此不疲。但適有蚊虻叮咬，愛馬者上去拍打，以致使馬勃然大怒，咬開嚼子，把愛馬者踢死。

「意有所至而愛有所亡」，好心也未必得好報。所以，必順其性而不違逆之，時時處處不可掉以輕心。

總之，人生在世，不能不「入遊其樊」，但必須有「處乎材與不材之間」的辯證觀念和靈活性，方能避禍免患，把命運掌握在自己的手裡。所以，莊子倡導的遊世精神和遊世藝術，不僅有深刻的社會批判意義，並且在特定的社會環境中，有一定的價值。當然，也要注意其中的消極成分。

第十章　莊子的理想人格

莊子憧憬美好的人生，他曾在夢中化為蝴蝶，並感慨道：「不知周之夢為蝴蝶與，蝴蝶之夢為周與？」但美夢不長，一覺醒來，他還是他自己，儘管他對此既懷疑又驚奇。

然而，莊子身為一個理想主義者，不僅用浪漫主義的情懷去編織夢幻，並且有堅定的信念和執著的追求。他堅信理想人生的實現在於理想人格的完成，並且矢志不渝。

〈逍遙遊〉是莊子寫的一首自由讚歌，其中對理想的人生和理想的人格有這樣的描繪：

若夫乘天地之正，而御六氣之辯，以遊無窮者，彼且惡乎待哉！故曰：至人無己，神人無功，聖人無名。

「天地之正」：「正」，指自然的本性。「六氣之辯」：「六氣」，有人說指陰、陽、風、雨、晦、明，可從；「辯」，通「變」，指自然的變化。

莊子理想的人生，就是「逍遙遊」。具體說來，就是順著自然的本性，駕馭六氣的變化，遊向無限的時空。

莊子理想的人格，就是無己、無功、無名；而體現理想人格的人物，是至人、神人、聖人，還有真人。

第十章　莊子的理想人格

一、無名

「無名」，是我們今天常說的一個詞，意思是不為人知，例如「無名英雄」、「無名之輩」。但這個意義上的「無名」，跟莊子所說的「無名」似乎沒有什麼關係。

莊子理想人格中的「無名」，說者或解之為「不求虛名」，亦不確。為求其正解，我們先看〈知北遊〉中無始說的一段話：

道不可聞，聞也非也；道不可見，見而非也；道不可言，言而非也！知形形之不形乎！道不當名。

「形形之不形」，意思是有形之物出於無形之道。「聖人無名」中的「聖人」，是體道者，不是儒家所說的聖人。既然「道不當名」，體道的聖人也就自然不可名了。「不當名」，就是不能給予具體的稱謂。如果有了具體的稱謂，就不是聖人了。

人們或許要問，「聖人」不就是具體的名嗎？這個問題提得好，但老子早已把它解釋清楚了。老子論道時說：「吾不知其名，字之曰『道』，強名之曰『大』。」意思是說，道本來無名，有一個記錄它的字是「道」。如果非要個替「道」取個名字，那就叫「大」吧。聖人是道的化身，所以也無名。稱之為「聖人」，也是勉強名之。

許由是無名的聖人，〈逍遙遊〉中記述：

一、無名

堯讓天下於許由,曰:「日月出矣,而爝火不息,其於光也,不亦難乎!時雨降矣,而猶浸灌,其於澤也,不亦勞乎!夫子立而天下治,而我猶尸之,吾自視缺然。請致天下。」許由曰:「子治天下,天下既已治也,而我猶代子,吾將為名乎?名者,實之賓也,吾將為賓乎?鷦鷯巢於深林,不過一枝;偃鼠飲河,不過滿腹。歸休乎君,予無所用天下為!庖人雖不治庖,尸祝不越樽俎而代之矣。」

這段對話不僅充滿了藝術情趣,且更富於哲理。雙方彬彬有禮,談吐優雅,比喻具體,互訴心曲。

堯是中國古代一位賢明的君主,他誠心誠意地要把君主之位讓給許由,因為許由是他的老師,且德高望重。他打比方說,日月出來了,光照天地之間,這時還燃著火炬,那一點點光亮實在難以顯示出來啊!應時之雨已降,滋潤大地,這時還灌溉田地,那一點點潤澤不是徒勞的嗎!這裡,堯把許由比作高空的日月,而自喻是小小的火炬;把許由比作滋潤大地的及時雨,而自喻是灌溉之水。所以,他自視其做君主的資格還不夠,要把天下交給許由。

許由不受,他很坦率地對堯說:「你做君主,已經把天下治理得很好了。如果我取代你做君主,就有了名了。名從屬於實,因此我不能有名。」他打比方說,他自己就像鷦鷯(巧婦鳥),在深山老林獨占一枝築巢就可以了;又像偃鼠,在河裡飲水只求半腹就可以了。所以,天下對他一點用處也沒

第十章　莊子的理想人格

有。最後，他把自己比作尸祝，把堯比作庖人，強調他不會越俎代庖，即不會代堯去做君主。

「吾將為賓乎」是一個反問句，言外之意，是許由不願意有治天下之名。其理由是「名者，實之賓也」，即「名」與「實」相對，有名就有實，有實就有名。

尸祝不越俎代庖，只求安分守己；鷦鷯築巢一枝，偃鼠飲水半腹，只求安身立命。而聖人則應有更高的境界──「無所用天下」，即無用於天下。許由一旦受了君主之位，則須行天子之實；一有天子之實，即得天子之名。這就違背了「道不當名」，「當名」則失道，「失道」就成了凡夫俗子，不能稱為聖人了。

弄清了許由不受天下的原因，「無名」的含義就不難理解了。所謂「無名」，即「無所用天下」。唯有無用於天下，才能不為天下人所認識、所利用，才能保持獨立的人格，不論為價值工具。

「聖人無名」，即聖人無用於世，既不求名，也不求實。

二、無功

「神人無功」，說者或解釋「無功」為不求功利，其實並不盡解莊子之意。在〈逍遙遊〉篇中，肩吾和連叔有一段關於神人的對話，有助於理解「無功」，茲摘錄如下：

肩吾問於連叔曰：「吾聞言於接輿，大而無當，往而不反。吾驚怖其言猶河漢而無極也，大有逕庭，不近人情焉。」連叔曰：「其言謂何哉？」曰：「『藐姑射之山，有神人居焉。肌膚若冰雪，淖約若處子；不食五穀，吸風飲露；乘雲氣，御飛龍，而遊乎四海之外；其神凝，使物不疵癘而年穀熟。』吾以是狂而不信也。」連叔曰：「然，瞽者無以與乎文章之觀，聾者無以與乎鐘鼓之聲。豈唯形骸有聾盲哉？夫知亦有之。是其言也，猶時女也。之人也，之德也，將旁礴萬物以為一，世蘄乎亂，孰弊弊焉以天下為事！之人也，物莫之傷，大浸稽天而不溺，大旱金石流、土山焦而不熱。是其塵垢秕糠，將猶陶鑄堯舜者也，孰肯以物為事！」

肩吾、連叔、接輿三人，都是傳說中的人物，未必確有其人。

接輿所描繪的神人，有如下特徵不同於凡人：一是相貌肌膚像冰雪一樣光潔白嫩，體態像處子一樣婀娜多姿；二是飲食，不食五穀，吸風飲露；三是處境，駕馭飛龍於雲氣之上，在四海之外遨遊；四是能力，其精神專一凝聚，能使萬

第十章　莊子的理想人格

物不受病害,年年五穀豐登。可見,神人非現實之人。所以,出於世俗之見,肩吾對接輿關於神人的描繪,一聽就「驚怖其言猶河漢而無極」,覺得「大而無當,往而不返」。

連叔認為肩吾不理解接輿關於神人的描繪,是認識上的「聾子」和「盲人」。他所描繪的神人,具有超自然的力量。因為神人「將旁礡萬物以為一」,即齊同萬物,把萬物看作一個整體,因而不肯忙忙碌碌地去管世俗的瑣事。又因為神人「物莫之傷」,即沒有任何東西能傷害他,洪水滔天而不溺於水,金石熔化、土山焦乾而不感到熱,所以不會把世間事物當成一回事。

「是其塵垢秕糠,將猶陶鑄堯舜者也」,這是把儒家尊奉的聖人堯、舜和神人做了比較。而得出的結論使人大吃一驚:體現儒家品格理想的堯舜,僅僅是神人的塵垢秕糠而已!

「孰弊弊焉以天下為事」,「孰肯以物為事」,說者或以為這兩句話最能體現「神人無功」的思想,頗有見地。但是,把它們解釋成不求功名,則失之膚淺。這兩句話,意同許由的「予無所用天下為」,即「不為物役」,不僅不求功名,並且不做任何具體的事情。

有人可能會問,神人「使物不疵癘而年穀熟」、「將旁礡萬物以為一」,不都是具體的工作嗎?要明確回答這個問題,我們有必要先分析一下凡人的工作與神人所為在性質上的不同。

二、無功

　　凡人的工作是具體的、有形的，農民種田、瓦匠修房子、裁縫做衣服等，都需藉助特定的生產工具，作用於特定的勞動對象。而神人所為，是助成萬物的自然生長，把紛亂不齊的萬物融為一體，使之執行在大道的軌跡上。萬物對道的依賴關係，就體現在神人身上。

　　可見，大道對萬物的作用沒有任何具體表現方式，所以說「神人無功」。

第十章　莊子的理想人格

三、無己

「無己」，顧名思義，就是沒有自己。但沒有了自己，主體就不存在了，「至人無己」還有什麼意義呢？顯然，莊子已經賦予「無己」以新的內涵，故不可直解。

〈齊物論〉，就是專門論述「無己」的。根據〈齊物論〉所述，天地萬物都是道的「物化」而已，人的身體只是道的寓所，只有偶像意義。文中記述：

> 南郭子綦隱几而坐，仰天而噓，嗒焉似喪其耦。顏成子游立侍乎前，曰：「何居乎？形固可使如槁木，而心固可使如死灰乎？今之隱几者，非昔之隱几者也？」子綦曰：「偃，不亦善乎而問之也！今者吾喪我，汝知之乎？」

這段文字中提到的「喪其耦」或「喪我」，就是「無己」的境界。

「喪其耦」中的「耦」通「偶」，「偶」即偶像。南郭子綦「喪其耦」，形如槁木，心如死灰，已「非昔之隱几者也」。這狀態他自稱是「吾喪我」。「我」是「昔之隱几者」，「吾」則是「今之隱几者」，同是一個南郭子綦，所處境界前後不同。「我」是故我，汲汲於世俗的功名，偏執一端；「吾」是新我，拋棄了一切私心雜念，精神昇華到無限的時空，即進入了「逍遙遊」的境界。

三、無己

如果說〈齊物論〉中的「喪其耦」、「喪我」側重描寫「無己」後的狀態,那麼〈大宗師〉中的「坐忘」則是「無己」的具體操作。

〈大宗師〉文中,仲尼(孔子)問他的弟子顏回「何謂坐忘」,顏回解釋說:

> 墮肢體,黜聰明,離形去知(智),同於大通,此謂坐忘。

「墮」通「隳」,與「黜聰明」的「黜」同義,廢也。「大通」即大道。「離形去知」是對「墮肢體,黜聰明」的進一步概括。

「坐忘」重在一個「忘」字,即從主觀上忘掉自己的存在,不留一點私心雜念。換言之,即透過「忘」的功夫「同於大道」,進入與大道融合為一的境界——「逍遙遊」的境界。

綜上所述,要進入「逍遙遊」的境界,必須在處理個人與自然界和社會的關係時做到「無名」和「無功」,必須在個人自身的價值評估上做到「無己」。而這一切,都是在人的精神世界中進行的。

作為達到「逍遙遊」境界的途徑和方法,「無名」、「無功」、「無己」三者各有側重。但作為理想的人格,三者又是統一的,統一於一個「無」字。〈應帝王〉文中論述說:

> 無為名尸,無為謀府,無為事任,無為知(智)主。體盡

第十章　莊子的理想人格

無窮，而遊無朕（跡）。盡其所受乎天而無見得，亦虛而已！至人之用心若鏡，不將不逆，應而不藏，故能勝物而不傷。

這段話，可以看作是「無名」、「無功」、「無己」的注腳。

「無為名尸，無為謀府，無為事任，無為知主」，是說不要有名聲，不要做智囊，不要做工作，不要做智者。任何名聲、工作、智謀，對於聖人、神人、至人來說，都是累贅和汙點，因而都在摒棄之列。

「體盡無窮，而遊無朕」，意同〈逍遙遊〉中說的「乘天地之正，而御六氣之辯，以遊無窮」，即會心於道，與宇宙萬物融合為一，而遨遊於無限的時空。這樣，人稟受於天道而成的形體、生命，就盡享了天賦的一切而終生不見有所得，即視人生為虛無。

「至人之用心若鏡」，是以鏡子比喻至人純潔空明的心靈。鏡子任萬物映入而不迎不送，不留一點痕跡。這種反映不帶任何主觀色彩，沒有情感或思想活動。這裡的「至人」，亦即「神人」或「聖人」。

四、聖人

聖人、神人、至人，還有真人，都是「至德之人」。他們游離於塵世，因得道而內棄其德，都是莊子「無名」、「無功」、「無己」理想人格的體現者。在他們身上，寄託著莊子對現世人生的厭倦和憎惡，寄託著莊子對理想人生的熱愛和嚮往。

但是，為求線索清楚，我們還是把聖人、神人、至人、真人分而述之。

《莊子》中有兩種聖人。一種如〈胠篋〉中所說：「彼聖人者，天下之利器也。」這種聖人，是社會政治法律、禮儀制度的設計者。另一種是〈逍遙遊〉、〈齊物論〉等文中提到的聖人，他們無名、無功、無己，具有崇高的人格。我們將要論述的是後者。

在〈齊物論〉中，瞿鵲子援引孔丘的話說：

聖人不從事於務，不就利，不違害，不喜求，不緣（廢）道，無謂有謂，有謂無謂，而遊乎塵垢之外。

聖人超世脫俗，用心於虛無。他們不從事任何有形的、具體的工作，不趨利避害，不熱衷於外物而廢棄大道。

「無謂有謂，有謂無謂」，意思是聖人言之無心，出自天然，所以「沒說話等於說了，說話等於沒說」。

第十章　莊子的理想人格

長梧子接著瞿鵲子的話說：

眾人役役，聖人愚芚（鈍），參萬歲而一成純。

這是講聖人大智若愚，齊萬物，一是非。

「眾人役役」，「役役」是形容奔波忙碌的樣子。普通人終身奔波忙碌，今日是，明日非，相互較量，勾心鬥角，從而把人世間搞得烏煙瘴氣，無一寧日。「聖人愚芚，參萬歲而一成純」，「萬歲」指大道；「純」，純一，指混沌狀態。聖人以道看人世和人生，眼界超乎時空，所以不分彼此，不辨是非，以不變應萬變，同化於萬歲無極的大道而混混沌沌。

〈則陽〉文中王果說：

故聖人其窮也，使家人忘其貧；其達也，使王公忘爵祿而化卑；其於物也，與之為娛矣；其於人也，樂物之通而保己焉。

這是講聖人的處世態度，內影響家人，外影響王公。

聖人看化萬物，故能化人，因而使家人同自己一樣忘掉貧窮；在通達時，使王公同自己一樣忘掉爵祿；對於外物，與之和諧相處；對於他人，樂於溝通而不失本性。莊子總是想讓他理想中的人物出現在人世，為人效法。

人間的凡夫俗子，忙忙碌碌，憂心忡忡，終日有說不盡的煩惱。但在聖人那裡，一切任其自然，無事不成，因而其樂無窮。〈則陽〉論述說：

四、聖人

聖人達綢繆，周盡一體矣，而不知其然，性也。覆命搖作而以天為師，人則從而命之也。憂乎知，而所行恆無幾時，其有止也，若之何？生而美者，人與之鑑，不告則不知其美於人也。若知之，若不知之；若聞之，若不聞之；其可喜也終無已，人之好之亦無已，性也。聖人之愛人也，人與之名，不告則不知其愛人也。若知之，若不知之；若聞之，若不聞之，其愛人也終無已，人之安之亦無已，性也。

這裡講的「性」，即自然天性。聖人之性，一為無心，一為愛人。

自然界和人間世充滿了矛盾，但聖人能夠「達綢繆」，即使矛盾化解，使紛爭了事。「周盡一體」，是說聖人把一切矛盾、紛爭調和得完全一致。透過聖人的調和，自然界和人間世恢復了本來面目，一切都和諧完善，可是聖人自己還不知道怎麼回事呢！

「覆命搖作而以天為師」，「覆命」為靜，《老子》曰「靜曰覆命」；「搖作」為動。動靜俱出自天然，故人們稱之為聖人。聖人「以天為師」，而一般人則為自己知道的一些瑣事煩惱，既可氣又可笑。可嘆人生苦短，能有幾時！生命很快就要結束了，誰也沒有辦法把它留住，一切努力都是螳臂當車，無濟於事。

「生而美者，人與之鑑，不告則不知其美於人也」，是說，生來就漂亮的人，是因為有人相比較，如果不透過比較

第十章　莊子的理想人格

他也不會知道他比別人漂亮。但他並不將其放在心上,「若知之,若不知之;若聞之,若不聞之」。其人總是討人喜歡,別人也總是喜歡他,因為美者和好之者雙方都出自本性。

同理,聖人愛人,人們稱之為聖人,他才知道自己愛人。但他並不放在心上,好像知道,又好像不知道;好像聽說過,又好像沒聽說過。聖人總是愛人,別人也總是承受他的愛,因為聖人愛人和別人受其愛,都是出自雙方的本性。

聖人無心,無心就是聽任其自然。〈徐無鬼〉文中,仲尼說:

> 聖人并包天地,澤及天下,而不知其誰氏。

聖人是道的化身,故「并包天地,澤及天下」。可見,聖人之愛人,無親無疏,是普遍的出自天性的愛,不帶任何感情色彩。「而不知其誰氏」,是說聖人無名,從不標榜自己的名聲,由此更見聖人博大無私的胸懷。

五、神人

我們前面論述「無功」時，已經分析過〈逍遙遊〉中藐姑射之山上的神人形象。藐姑射之山上的神人，其美麗，「肌膚若冰雪，淖約若處子」；其高潔，「不食五穀，吸風飲露」；其豪邁，「乘雲氣，御飛龍，而遊乎四海之外」。其陰柔與陽剛並濟，令人聯想無窮。

〈天下〉篇中有言：「不離於精，謂之神人。」神人精粹不雜、至真至純，因而具有非凡的生氣和活力。

〈天地〉文中，苑風要諄芒講一講神人，諄芒毫不猶豫地說：

> 上神乘光，與形滅亡，是謂照曠。致命盡情，天地樂而萬事銷亡，萬物復情，此之謂混冥。

這段話不好理解，因而說者意見分歧較大，茲試解之。

先說「照曠」。「上神乘光，與形滅亡」，意思是神人至上，乘御光輝而普照萬物，無處不在，無時不在，而終歸虛無。可見所謂「照曠」，是一個比喻。

再看「混冥」。「致命盡情」，是說神人歸於虛無之道。「致命」與「盡情」同義，不必強生分別。「天地樂而萬事銷亡，萬物復情」，是說神人與天地同樂而不務世俗之事、不害萬物之情。可見所謂「混冥」，也是一個比喻。

第十章　莊子的理想人格

　　有說者認為,「照曠」為神人生時的光輝,「混冥」為神人死時的狀態。其說可商。「乘光」意同於「乘天地之正,御六氣之辯」,亦即「乘雲氣,御飛龍」。「與形滅亡」,意同於「以遊無窮」,亦即「遊乎四海之外」。所以,「照曠」就是「逍遙遊」。一旦進入逍遙遊的境界,就從主觀上擺脫了客觀世界的束縛,與天地同樂。此從主觀來說是「無為」,從客觀來說是「無用」。無為則「萬事銷亡」,無用則「萬物復情」,神人由此同化於天地萬物而進入混沌狀態。

　　說到這裡,「照曠」和「混冥」的比喻義就清楚了。「照曠」,指逍遙遊的境界;「混冥」,指歸於大道。「神人無功」,故得逍遙乎無地之間,享受無比的快樂,與天地萬物和諧而化為一體。

　　可能是由於和諧天地萬物之故,神人「惡眾至」。〈徐無鬼〉篇中解釋說:

> 是以神人惡眾至,眾至則不比,不比則不利也。故無所甚親,無所甚疏,抱德煬和,以順天下,此謂真人。

　　所謂「惡眾至」,就是討厭來歸附之人很多。

　　大凡世俗之人,多喜歡有人歸附捧場,以擴充實力。例如有名的戰國四公子——孟嘗君、信陵君、平原君、春申君,各自號稱門客三千,引車賣漿之徒、雞鳴狗盜之士,無不拉攏網羅。

五、神人

「神人惡眾至」,是因為來歸附的人一多起來,就不可能都親近;不親近就有禍害生,有禍害就有不利。所以,神人「無所甚親,無所甚疏」,一視同仁。「抱德煬和,以順天下」,意謂神人堅守天德,態度不冷不熱,以使天下人滿意。唯其如此,神人又可稱為「真人」。

第十章　莊子的理想人格

六、至人

「至人」，大概是「至德之人」的簡稱。

〈人間世〉文中有仲尼（孔子）關於至人的談話。仲尼的弟子顏回聽說衛君獨裁殘暴，衛國的百姓陷於水火之中，就要去說服衛君。行前，顏回向仲尼請教。仲尼認為，顏回「所存於己者未定」，即道德修養還沒到家，所以不可能說服衛君那樣殘暴的人。他語重心長地對顏回說：

古之至人，先存諸己而後存諸人。

這短短的一句話，蘊含的道理實在耐人尋味。

仲尼在《論語‧子路》中，曾就為政之道論述說：「政者，正也。其身正，不令而行；其身不正，雖令不從。」其意與「先存諸己而後存諸人」相同。為政也好，教育人也好，首先要自己做出樣子，講出的道理才能令人信服。此所謂「身教重於言教」。

但是，言教容易身教難，所以行言教者多而行身教者少。這可能是導致社會道德教育程度下降或社會動亂的一個重要原因。如果教人者自己一肚子的男盜女娼，又有誰會相信他滿口的仁義道德！如果為政者貪贓枉法，有誰會相信他滿口的清正廉潔！

六、至人

至人超世脫俗，因而在〈達生〉中扁子對孫休說：

子獨不聞夫至人之自行邪？忘其肝膽，遺其耳目，芒（茫）然徬徨乎塵垢之外，逍遙乎無事之業，是謂為而不恃，長而不宰。

所謂「自行」，即透過遺忘而逍遙。

「忘其肝膽，遺其耳目」，然後就超然物外了。「肝膽」指代身體，「耳目」指代心智，身心俱忘則虛，虛則得道。這實際就是〈大宗師〉中所講的「坐忘」。

「為而不恃，長而不宰」，是就至人與萬物的雙重關係而言的。本來，至人「逍遙乎無事之業」，在對具體事物的作用上，是無為的。但至人是道的化身，因而有責任使萬物執行在道的軌跡上，所以，至人對萬物的整體又是有為的。此所謂道「無為而無不為」。至人無為，故「為而不恃，長而不宰」，一切順乎自然。

至人不僅超世，還超人，具有超乎自然的力量。在〈齊物論〉中，王倪向齧缺介紹說：

至人神矣！大澤焚而不能熱，河漢冱（凍結）而不能寒，疾雷破山、飄風振海而不能驚。若然者，乘雲氣，騎日月，而遊乎四海之外，死生無變於己，而況利害之端乎！

至人不僅有抗禦特大自然災害的能力，還有駕馭自然的能力。

第十章　莊子的理想人格

在莊子所處的時代，人們對寒暑交替、風雷雨電所知不多，因而對自然界的災異變眚有一種恐懼心理。至人對其卻泰然處之，若無其事。更有那變幻莫測的雲氣、光芒四射的太陽、冷冷生寒的月亮，當時的人們只能遠遠地望著它們遐想，或迷惘，或興奮，或驚恐……但在至人那裡，它們都被降服了。

至人突破了有限的時空，也就突破了生死的限制，更無所謂什麼利害關係。所以，至人是超人，他們在向無限的時空飛去。

超世、超人的至人，只與天地來往。在〈庚桑楚〉篇中，老子對南榮趎說：

> 夫至人者，相與交食乎地而交樂乎天，不以人物利害相攖（擾），不相與為怪，不相與為謀，不相與為事，翛然（無牽無掛貌）而往，侗然（心懷開朗貌）而來。是謂衛生之經已。

這段話是說至人獨立於世外而無所用心。

「相與交食乎地而交樂乎天」，講至人生活、遊樂都順乎自然，意同〈徐無鬼〉篇中的「吾與之邀樂於天，吾與之邀食於地」。因此，至人不以人物利害相干擾，更不相互責怪、相互謀算、相互利用，一切來之不卻、去之不留，順物而無心。

跟至人與世無爭、與世無求相反，世俗之人在爭名逐利中度生涯。他們為蠅頭小利，為一個空名，不惜以命相爭，爾虞我詐，勾心鬥角，惶惶不可終日；可到頭來，卻猶如竹籃打水，一無所得。更有不幸者，還要搭上身家性命。人生如此，不亦悲夫！

至人無心於世，故有超人的勇氣。在〈田子方〉篇中，伯昏無人對列禦寇說：

> 夫至人者，上窺青天，下潛黃泉，揮斥八極，神氣不變。

至人上天入地，充斥其間。其力量和勇氣，不是來自天地鬼神，而是來自至人自身。至人的勇氣，是懦夫們無法想像的，但無私無畏者可以體會。

第十章　莊子的理想人格

七、真人

〈天下〉文中有言：「關尹、老聃乎，古之博大真人哉！」老莊以後，道家稱修真得道者為真人。另外，帝王也以「真人」之稱賜人，例如唐玄宗追諡莊子為「華南真人」，文子為「通玄真人」，列子為「沖虛真人」，庚桑子為「洞虛真人」。又如元太祖封丘處機為「長春真人」。宋代的道士張伯端，號紫陽，後世稱「紫陽真人」。

〈大宗師〉一文，以為「有真人而後有真知」，對真人的描寫有四段。下面分別論述之。

其一：

古之真人，不逆寡，不雄成，不謨（謀）士（事）。若然者，過而弗悔，當而不自得也。若然者，登高不慄，入水不濡（溼），入火不熱。是知（智）之能登假於道者也若此。

此真人不計成敗得失，忘懷於物。超然物外，故不為外物所傷。「知之能登假於道者也若此」是說，真人所達到的境界，並非可望而不可即。凡人如果「不逆寡，不雄成，不謨士」，同樣會「登高不慄，入水不濡，入火不熱」，獲得超自然的力量。

七、真人

其二：

古之真人，其寢不夢，其覺無憂，其食不甘，其息深深。真人之息以踵，眾人之息以喉。

此真人清心寡欲，無憂無慮，甚至呼吸都與眾不同。眾人用喉呼吸，真人卻用腳後跟呼吸，此所謂「息以踵」。氣功中有踵息法，要求運氣到腳跟（經湧泉穴）。

其三：

古之真人，不知說（悅）生，不知惡死。其出不訢（欣），其入不距（拒）。翛然而往，翛然而來而已矣。不忘其所始，不求其所終。受而喜之，忘而復之。是之謂不以心捐道，不以人助天，是之謂真人。若然者，其心志（安），其容寂，其顙（額）頯（質樸貌）。悽然似秋，暖然似春，喜怒通四時，與物有宜而莫知其極。

此真人不計生死，隨物而變，應時而行。世俗之人最大的恐懼，莫過於死神的降臨。這是因為，他們把死看作人生旅途的盡頭，以為死後是空寂一片。而實際上，人世間誰也說不清死後的情景，死是無法預測、無法轉述的。人們關於死後的種種設想，都憑空無據。對死亡的恐懼，乃是人自己設想死後情景時產生的一種情緒。

真人把生死置之度外，因而容貌沉寂安閒，質樸的腦門上放出光彩，嚴肅如秋，溫和如春，喜怒隨春夏秋冬自然執行，與萬事萬物相宜。所以，人們無法測知真人的底蘊。

第十章　莊子的理想人格

其四：

古之真人，其狀義（宜）而不朋，若不足而不承；與乎其觚而不堅也，張乎其虛而不華也；邴邴乎（煥發貌）其似喜也，崔崔乎（運動貌）其不得已也。滀乎（和藹貌）進我色也，與乎（隨和貌）止我德也，厲乎其似世也，謷乎（高遠貌）其未可制也，連乎其似好閉也，悗乎（無心貌）忘其言也。

這是一首真人的讚歌，仔細品評，但覺得真人似之而非之、至真至純、飄逸瀟灑，有一種令人捉摸不定的朦朧美。

那真人的情態：與眾人和諧相處而不結朋黨，似不足而無所承受，稜角自然而不固執，虛懷若谷而不浮華，心情舒暢好像很歡喜，一舉一動出於不得已，和藹可親使人眉開眼笑，平易隨和使人心悅誠服，心胸開闊像世界一樣廣大，高蹈遠行像不可遏制，流連忘返像十分閒逸，心不在焉像忘了說話。

真人無榮辱之心，去七情六慾。在〈田子方〉篇中，仲尼（孔子）聽說孫叔敖三為令尹而三去之但面無憂色，就發感慨說：

古之真人，知（智）者不得說（悅），美人不得濫，盜人不得劫，伏戲、黃帝不得友。死生亦大矣，而無變乎己，況爵祿乎！若然者，其神經乎大山而無介，入乎淵泉而不濡，處卑細而不憊，充滿天地，既以與人己愈有。

七、真人

孔子的感慨,一唱三嘆。真人情操高尚:智者不能使之心動,美人不能使之淫亂,強盜不能使之屈服,伏羲、黃帝不能與之結交為友。真人無畏無懼,不計生死,對爵祿更是不屑一顧。所以,真人獲得了精神上的自由,進而轉化成一種巨大的精神力量,穿泰山,入淵泉,無所不至,勢不可當。真人有這種精神力量,即使身處卑位也不困頓。不僅不困頓,反而使自身形象高大起來,充滿天地之間。

「既以與人己愈有」,其意出於《老子》第八十一章:「既以為人己愈有,既以與人己愈多。」這句話充滿了辯證法。可嘆世俗之人蔽於此,恨不得把天下的財富全部占為己有,竟做起吸血鬼、守財奴來,真是愚蠢至極!

在《莊子》中,「無名」、「無功」、「無己」三者,其實一也,都是莊子理想的人格。「聖人」、「神人」、「至人」、「真人」四者,其實一也,都是道的化身,是莊子理想人格的體現者。在他們身上,既傾注著思想家莊子對現世人生的深刻思考、對理想人生的執著追求,也表現出文學家莊子非凡的藝術才能。所以,他們不僅有認識價值,還有美學價值。

有論者認為,莊子塑造的「聖人」、「神人」、「至人」、「真人」等藝術形象,是人類尚不能理解自然規律的產物,表達了人類強烈的認識自然、征服自然的願望。此說不無道理,例如藐姑射之山的神人,「乘雲氣,御雲龍,而遊乎四海之外」,征服了有限的時空而無待逍遙。這是人類今天也無法做

第十章 莊子的理想人格

到的事情,儘管今天的科學技術已達到了空前的水準。

但我們不要忘記,莊子塑造的這些形象,都是淡情寡欲、無心於人世的。他們征服自然,不是以支配自然為目的,而是要游離於人世,回歸自然的懷抱。因此,這些形象只能存在於莊子的主觀世界裡,而不可能出現在現實世界中。

第十一章　從夢境到逍遙

「處乎材與不材之間」而遊於世，即使遊起來如魚得水，也僅僅能免於患而已。人間世好比一個巨大的樊籠，只要你入遊其中，終生別想逃出去。所以，莊子說：「材與不材之間，似之而非之，故未免乎累。」所謂「累」，即客觀條件的牽累或制約，任何人都不能逃脫，也無法逃脫。

但是，樊籠再大也關不住莊子，他把思緒拋向茫茫無際的太空，跟隨日月雲氣遊到四海之外，從而進入了一個空靈明淨、超乎時空的自由世界。

從太空鳥瞰人間世，只見滄海之一粟。於是，莊子以驚世駭俗的想像，以怪誕奇絕的筆法，寫出了千古絕唱〈逍遙遊〉。

一篇〈逍遙遊〉，豪放激越，如萬馬奔騰；變幻莫測，如星空閃爍。它是警世的號角，是自由的吶喊，是大徹大悟後的心靈獨白。透過它的字裡行間，我們會看到莊子博大的胸懷，並從中發現一個令人神往且妙不可言的理想世界。

第十一章　從夢境到逍遙

一、上下求索

莊子渴望理想的人生，渴望現實的自由，所以，在進入「逍遙遊」的境界之前，他在天地之間上下求索。

大鵬高飛遠舉，氣勢磅礴，文中對此有三次描寫：

其一：

北冥有魚，其名為鯤。鯤之大，不知其幾千里也。化而為鳥，其名為鵬。鵬之背，不知其幾千里也。怒而飛，其翼若垂天之雲。是鳥也，海運則將徙於南冥。南冥者，天池也。

其二：

鵬之徙於南冥也，水擊三千里，摶扶搖而上者九萬里，去以六月息者也。

其三：

窮髮（不毛之地）之北，有冥海者，天池也。有魚焉，其廣（寬）數千里，未有知其修（長）者，其名為鯤。有鳥焉，其名為鵬，背若泰山，翼若垂天之雲，摶扶搖羊角而上者九萬里，絕（超越）雲氣，負青天，然後圖南，且適（往）南冥也。

以上關於大鵬的描寫，讀來令人蕩氣迴腸！

鵬化於鯤，「鯤之大，不知其幾千里也」，以襯托鵬之大。「鵬之背，不知其幾千里也」，以其體大襯托其志大。「怒而飛」故「水擊三千里」。其巨翼舒展像天空的雲彩飄動，拍擊

著盤旋如羊角一般的旋風直上九萬里高空。這大鵬,在風起海動、波浪滔天時將遷徙往南冥,南冥是天然的大池。

大鵬驚天動地的壯舉,展現了其遠大志向和宏偉氣魄,因而令人喜愛、羨慕和景仰。例如,唐代大詩人李白早年作詩,常以「大鵬」自況。他的名句「大鵬一日同風起,扶搖直上九萬里,假令風歇時下來,猶能簸卻滄溟水」,直接化用〈逍遙遊〉的寓言。

大鵬的形象不僅常常出現在古今文學家和志士仁人的筆下,以表現其宏偉的抱負和廣闊的胸懷,並且早已深深扎根於中華文化的土壤裡。例如,人們為兒孫取名,常取名「鵬飛」、「鵬舉」、「大鵬」、「萬鵬」等,或單用一個「鵬」字,期望他們壯志凌雲、高飛遠舉,做出一番驚天動地的偉業而光宗耀祖、名垂青史。

大鵬從海面起飛,水擊三千里,拍擊著如羊角般盤旋而上的旋風直衝雲天九萬里,不可謂不高矣!而後背負青天,乘「六月息者」,從北海直到南海,不可謂不遠矣!然而,大鵬氣壯山河的高飛遠舉,儘管驚天地、動鬼神,但也必須憑藉風的力量;否則,將寸步難行。故〈逍遙遊〉文中敘述說:

且夫水之積也不厚,則其負大舟也無力。覆(倒)杯水於坳堂(堂上凹處)之上,則芥(小草)為之舟。置杯焉則膠,水淺而舟大也。風之積也不厚,則其負大翼也無力。故九萬

第十一章　從夢境到逍遙

里則風斯（就）在下矣，而後乃今培（憑藉）風，背負青天而莫之夭閼（阻攔）者，而後乃今將圖（謀）南。

這段文字，旨在說明大鵬高風遠舉時對風力的依賴。

大鵬與風的關係，如同舟與水的關係，這個比喻貼切形象。水如果積得不厚，那麼它就無力負載起大船。例如，在堂上的低窪處倒一杯水，放一根小草可以當船，放一個杯子就黏在那裡，因為水淺而「舟」大。同理，風如果積得不厚，那麼它就無力載大鵬「若垂天之雲」的大翅膀。所以，大鵬要飛到九萬里高空，九萬里厚的風在其下才有力量托起牠的大翅膀。而後大鵬才能下憑風力、上負青天，一往無前而沒有阻礙，圖謀飛向南冥。

如前所述，沒有「扶搖羊角」，大鵬就無法飛上九萬里高空；沒有海運時的「六月息者」，大鵬就無法從南海飛到北海。所以，儘管大鵬有驚天動地的壯舉，上九萬里高空遨遊，卻「未免乎累」，即沒有擺脫對風的依賴，因而也就沒有得到真正的自由。

儘管如此，大鵬磅礡於天地之間的宏偉氣勢和遠大志向，仍然令人喜愛、羨慕和景仰。但是，蜩與學鳩並不理解，牠們譏笑大鵬說：

我決起（迅速飛起）而飛，搶（衝上）榆枋而止，時則不至而控（投身）於地而已矣，奚（何）以之九萬里而南為？

蜩即蟬，學鳩即斑鳩。這一蟲一鳥炫耀說，牠們從地面迅速起飛，衝向榆樹或檀樹，到時如果飛不到上面，就投身於地罷了。因而牠們發問，鵬為什麼要飛到九萬里的高空，然後才飛往南冥呢？

蟬和學鳩之所以不理解大鵬的壯舉，是因牠們狹窄的視野，封閉的生存環境也封閉了牠們的心靈，從而使牠們妄自尊大、自以為是、盲目樂觀。這一蟲一鳥的自我炫耀，實在滑稽可笑。

斥鴳譏笑大鵬說：

彼且奚適（往）也？我騰躍而上，不過數仞而下，翱翔蓬蒿之間，此亦飛之至也，而彼且奚適也？

斥鴳是一種小雀，懷著與蜩、學鳩同樣的心理，前後兩次發問，中間自鳴得意。其飛高不過數仞，遠不出蓬蒿，卻自以為達到了飛翔中最得意的境界，豈不悲夫！

「此亦飛之至也」，一個「亦」字傳神。斥鴳把自己上下於蓬蒿之間與大鵬的高飛遠舉相提並論。斥鴳看到大鵬「搏扶搖羊角而上者九萬里」，「且適南冥也」，故大惑。此即所謂「井蛙不可以語於海者」。斥鴳在蓬蒿之間上竄下跳，實屬低能，卻自以為擁有整個世界。這就像井中之蛙，自以為世界只有一個井大，而不知道大海是什麼樣子。

第十一章　從夢境到逍遙

　　斥鷃同蜩和學鳩一樣,苟且偷安於一隅,更沒有什麼自由可言。

　　透過上述幾例,莊子無非是想說明,世間萬物無論大小,其遊都不能離開其所憑藉之力,故萬物皆無自由。而人也如此,無論是凡夫俗子,還是宋榮子、列子之流。他說:

　　故夫知(智)效(勝任)一官,行(品行)比(親近)一鄉,德合一君,而徵(取信)一國者,其自視也,亦若此矣。而宋榮子猶然(笑貌)笑之。且舉世而譽之而不加勸(努力),舉世而非之而不加沮(沮喪),定乎內外之分,辯乎榮辱之境,斯已矣。彼其於世,未數數然也。雖然,猶有未樹也。

　　這段話的大意是說,智慧可以勝任一官之職,品行可以團結一鄉之人,道德可以投合一國之君,能力可以取得全國的信任,這四種人看自己,也像斥鷃自以為「飛之至」一樣。因而,宋榮子對這自鳴得意的四種人付之一笑。而宋榮子本人,對世人的毀譽不屑一顧,不為其所動。確定物我的分別,辨識榮辱的界限,做到這一步就可以了。他人生在世,不汲汲於功名利祿,榮辱不入於胸次。雖然如此,他還沒有修練到家。

　　宋榮子名鈃,戰國時代的思想家和社會活動家。據《莊子·天下》篇說,他「見侮不辱,救民之鬥;禁攻寢兵,救世之戰」,跑遍天下鼓吹自己的主張,但處處遭白眼、受冷遇。他苦行寡欲,求人只「請欲固(姑且)置五升之飯足矣」,即

一、上下求索

請人姑且為他置辦五升飯就滿足了。〈逍遙遊〉中所謂「猶有未樹也」,蓋指此事。具體說來,就是宋榮子不求功名利祿,不以物喜,不以己悲,但「五升之飯」還是不可或缺的。這「五升之飯」,就像鵬之於扶搖羊角,草芥之於坳堂之杯水,是他「周行天下,上下說教」所憑藉的條件。

由此看來,宋榮子和他所笑的那四種人,其區別是十分有限的,都「未免乎累」,沒有自由,僅五十步與百步而已。

下面談談列子。莊子說:

> 夫列子御風而行,泠然(飄輕貌)善也,旬有五日而後反(返)。彼於致福者,未數數然也。此雖免乎行,猶有所待者也。

列子乘風而行,飄飄悠悠,十五天後返回地面。他不汲汲於個人的生活幸福,具有超自然的力量。他雖然乘風而行,免於行走,但還是要有所憑藉和依賴的。

列子即列禦寇,鄭國人。《列子·黃帝》篇中說:「列子師老商氏,友伯高子。進二子之道,乘風而歸……猶木葉幹殼,竟不知風乘我邪,我乘風乎。」這段話大致的意思是,列子師友皆為高人,而他盡得其道,乘長風飄飄欲仙。他遨遊天空,風向東則東,風向西則西,一時像一片薄薄的樹葉,一時像一片小小的幹殼,如夢如幻,好不得意。於是,他飄飄然陶醉在空中,竟然不知道是他乘風還是風乘他了。

第十一章　從夢境到逍遙

　　列子顯然高於宋榮子。宋榮子修己，不求聞達，但仍不免於自求多福，還要在人間世生存，還要與凡夫俗子為伍，因而終日奔波，不能「免乎行」。而列子已無心於人間世，故輕閒自在，甚至「乘風而歸」，在空中遨遊時十分快活。但是，列子「猶有所待」，需待風而行，如同大鵬直上九萬里高空時「摶扶搖羊角」一樣。並且，列子在空中遨遊十五天後仍得返回地面。所以，超凡脫俗的列子也沒有自由。

　　在自然界，高飛遠舉的大鵬遊有所窮，自然不必說低能的蜩、學鳩、斥鷃之流了。在人間世，不計功名榮辱的宋榮子「未免乎累」，自然不必提「知效一官，行比一鄉，德合一君，而徵一國者」了。列子離開人間世到空中遊了十五天，還是返回了人間。

　　總之，「上窮碧落下黃泉，兩處茫茫皆不見」，誰都沒找到自由。從自然到人世，無論何物何人，皆有所待，皆遊有所窮。

二、逍遙遊

莊子上下求索，描繪了各種撲朔迷離的有待之遊，然後靈機一動，筆鋒一轉，點出「逍遙遊」的境界和通達這一境界所應具備的理想人格。他信心滿懷地說：

若夫乘天地之正，而御六氣之辯（變），以遊無窮者，彼且惡乎待哉！故曰：至人無己，神人無功，聖人無名。

這「逍遙遊」的境界，展現了莊子所追求的理想的人生和自由。

天地間萬物皆自然生成、自然存在，如果等視齊觀、聽其自然，就是「乘天地之正」。陰、陽、風、雨、晦、明，合稱「六氣」，如果一視同仁，任其變化，就是「御六氣之辯」。聽任客觀世界自然變化，即把客觀世界置之度外，就是「以遊無窮」。

顯然，「逍遙遊」不是自然萬物和人們在社會中所能達到的現實的境界。「乘天地之正，而御六氣之辯」，跟大鵬「培風」和列子「御風」相比較，前者所乘御的對象是抽象的，而後者是具體的。因此說，前者「遊無窮」而無所待，後者遊有所窮而有所待。簡言之，大鵬、列子遊的是現實世界，而「逍遙遊」遊的是與現實世界相對的主觀世界。所謂「逍遙遊」，是莊子在認識到客觀世界萬物皆有所待的基礎上，幻想

第十一章　從夢境到逍遙

出來的人由有限向無限發展時,主觀世界擺脫了客觀世界的束縛而獲得的精神自由。

有論者據〈逍遙遊〉一文,套用某種理論模式,說莊子鼓吹「絕對自由論」,並以此否定莊子的自由觀。而實際上恰恰相反,莊子在〈逍遙遊〉中反覆論證,世間萬物,人當然也不例外,都是有所待的。從無生命的塵埃到有生命的蟲鳥,從苟且偷安的蟲鳥到高飛遠舉的大鵬,從「知效一官」之士到「御風而行」的列子,誰都沒有自由。莊子認為,現實世界和現實人生,根本不存在自由,那「絕對自由論」從何而來呢?

向秀、郭象在《逍遙義》中說:「物之芸芸,同資有待;得其所待,然後逍遙。」我們姑置向、郭二位對「逍遙遊」的理解不論,單就其對莊子自由觀的認識來說,就比持「絕對自由論」者高明多了。

「逍遙遊」的境界,寄託著莊子美好的人生理想,在《莊子》一書中反覆出現。例如:

乘雲氣,御飛龍,而遊乎四海之外。(〈逍遙遊〉)

聖人神矣!……若然者,乘雲氣,騎日月,而遊乎四海之外,死生無變於己。(〈齊物論〉)

聖人不從事於務……而遊乎塵垢之外。……旁日月,挾宇宙。(〈齊物論〉)

與造物者為人,而遊乎天地之一氣。芒(茫)然彷徨乎塵垢之外,逍遙乎無為之業。(〈大宗師〉)

二、逍遙遊

乘夫莽眇之鳥，以出六極之外，而遊無何有之鄉，以處壙埌（空蕩遼闊）之野。（〈應帝王〉）

上引諸例，表明「逍遙遊」在「四海之外」或「塵垢之外」，根本不存在於現實世界和現實人生。

「逍遙遊」的主體是人，但不是凡夫俗子，而是「至人」、「聖人」、「神人」等得道之人。與凡夫俗子不同，得道之人「死生無變於己」，「不從事於務」，「與造物者為人，而遊乎天地之一氣」。

「逍遙遊」所乘御的對象，如日月、雲氣、飛龍等，都是莊子所處時代的人們可望而不可即之物，都是「莽眇之鳥」。因此，乘御它們實為主觀幻想而已。

從「有待」之遊到「逍遙遊」，反映了莊子在自由觀上，由一個現實主義者轉變為理想主義者。這種轉變，恐怕與他處在「福輕乎羽，莫之知載；禍重乎地，莫之知避」的人間世有關。禍充天地之間，腦袋都朝不保夕，哪裡還有自由可談！天才浪漫的莊子，在其自由的理想被黑暗無情的現實擊得粉碎，幾經掙扎、身心俱疲後，只好回到自己的精神世界去。

「逍遙遊」是人生最高的精神境界，但它不是空中樓閣、海外仙山，是人透過修養而得道後可以達到的境界。換言之，只要實現了理想的人格——「無己」、「無功」、「無名」，就成為「至人」、「神人」、「聖人」，從而進入無所待的「逍遙遊」境界。

第十一章　從夢境到逍遙

所謂「無己」、「無功」、「無名」，亦即〈齊物論〉中的「喪我」、〈大宗師〉中的「坐忘」。「喪我」和「坐忘」，可以簡單理解為「物我兩忘」。

至於「至人」、「神人」、「聖人」，其實一也，都是得道而物我兩忘之人。

這裡，我們不準備再討論莊子的理想人格，只舉幾個「逍遙遊」的例子，藉此以見一斑。

〈列禦寇〉中有這樣一段記載：

伯昏瞀人北面而立，敦（立）杖蹙（緊貼）之乎頤（腮）。立有間，不言而出。賓者以告列子，列子提屨（鞋），跣（赤足）而走，暨（及）乎門，曰：「先生既來，曾不發藥乎？」曰：「已矣，吾固告汝曰：人將保汝。果保汝矣！非汝能使人保汝，而汝不能使人無保汝也，而焉用之感豫（愉）出異（表現出與眾不同）也。必且有感，搖而本才，又無謂也。與汝遊者，又莫汝告也。彼所小言，盡人毒也。莫覺莫悟，何相孰（熟）也！巧者勞而知（智）者憂，無能者無所求，飽食而遨遊，泛若不繫之舟，虛而遨遊者也。」

在此之前，伯昏瞀人曾讚許列子善於觀察問題，同時教誨列子安居，以使眾人依附。不久，伯昏瞀人到列子的居舍，發現門外鞋子滿地，可見歸附者甚多。

「非汝能使人保汝，而汝不能使人無保汝也」，其實是責備而不是表揚，其意是說，不是你本人有凝聚力而成為核

二、逍遙遊

心,而是你標新立異、譁眾取寵,從而使人不明真相,糊里糊塗地圍著你轉。列子為此感到愉快,興奮不已,且以為自己德才出眾;而實際上並非如此。

「與汝遊者,又莫汝告也。彼所小言,盡人毒也。」這真是物以類聚、人以群分,你標新立異、譁眾取寵,那麼跟你交遊的人就跟你氣味相投。他們極盡溜鬚拍馬、阿諛奉承之能事,根本無視真相,哪有忠言相告!他們瑣碎的言論,都是害人的東西!

如上所述,列子游有所窮,說明「巧者勞而知者憂」,因而他們是無法逍遙的。究其原因,玩弄技巧的人和耍小聰明的人,以及跟其氣味相投者都在懵懂之中,沉溺於俗務,沒有覺悟,就像苟且偷安的蜩和學鳩一樣。

「泛若不繫之舟,虛而遨遊者也」,說的是人如果像水上漂浮不定的扁舟,且虛心若鏡、無勞無憂,就進入逍遙遊的境界了。「不繫之舟」,是主觀精神擺脫了客觀世界的束縛而自由自在、獨往獨來的象徵。

「逍遙遊」的境界,是透過理想人格的完成而達到的人生最高境界。「至人無己,神人無功,聖人無名」,關鍵是一個「無」字。領悟和做到絕對的「無」,就得道而逍遙了。

在〈知北遊〉篇中,光曜和無有都是虛擬之人,二者有一段精采的對話:

第十一章　從夢境到逍遙

　　光燿問乎無有曰：「夫子有乎？其無有乎？」光燿不得問而孰（仔細）視其狀貌：窅然（黯淡貌）空然。終日視之而不見，聽之而不聞，搏之而不得也。光燿曰：「至矣，其孰能至此乎！予能有無矣，而未能無無也。及為無有矣，何從至此哉！」

　　結果，光燿對無有佩服得五體投地。

　　「無有」是以義定名，故光燿問他到底是有還是沒有。因不得其問，光燿又審視之，可是眼前空空如也。光燿聽不到、看不到，也摸不到無有，於是自嘆弗如，甘拜下風。因為光燿只能做到「有無」，雖然令人聽不見、摸不到，但還是可以看到的。

　　「有無」和「無有」之辯，很有意思。「有無」強調有，雖然有的是無形無聲的東西（例如光），但還是有。而「無有」強調的是絕對的無，什麼也沒有。

　　光燿和無有的比較，仍有象徵的意味。而〈大宗師〉中女偊闡述修道的過程，則是具體的進入「逍遙遊」境界的途徑和方法。不過，在〈徐無鬼〉篇中，南伯子綦談的是切身體會，更為詳盡、生動。他說：

　　吾嘗居山穴之中矣。當是時也，田禾（齊王名）一睹我而齊國之眾三賀之。我必先之，彼故知之；我必賣之，彼故鬻（買）之。若我而不有之，彼惡得而知之？若我而不賣之，彼惡得而鬻之？嗟乎！我悲人之自喪者；吾又悲夫悲人者；吾又悲夫悲人之悲者；其後而日遠矣。

二、逍遙遊

　　南伯子綦嘗居山穴之中,可能是做過一段時間的隱士。他從顯露自己的才能到意識到那是可悲的,再從有可悲之感日益淡漠,直到心如死灰、無思無慮,終於拋卻了一切私心雜念而進入「逍遙遊」的境界。

第十一章　從夢境到逍遙

三、蝴蝶夢

莊子做了一個美麗的夢,他清清楚楚地記著夢中那幸福的時光。在〈齊物論〉篇中,他回憶說:

> 昔者莊周夢為胡蝶,栩栩然(生動活潑貌)胡蝶也。自喻適志與!不知周也。俄然覺,則蘧蘧然(驚疑貌)周也。不知周之夢為胡蝶與?胡蝶之夢為周與?周與胡蝶則必有分矣。此之謂物化。

好夢不長,但終生難忘,因為莊子理想的人生在夢中實現了。夢中有一個美好的世界,一個自在逍遙的理想世界。

在夢中,莊子變成了一隻蝴蝶,還是一隻生動活潑的蝴蝶。蝴蝶是頗有深意的形象,因為牠活躍在一個自由美妙的世界裡,或飛舞於綠蔭,或徘徊於溪水。在這個世界裡,沒有禮法制度的約束,沒有官僚勢力的壓迫,沒有無恥小人的暗算,不為衣食住行憂慮,甚至不受時空的限制,自適其志,其樂融融,一切都是那麼理想、那麼愜意!

夢中化為蝴蝶的莊子,自在逍遙地遨遊在陽光之下、百花叢中,已「不知周也」,忘記了自己的存在,實現了理想的人格——「無己」。

然而,美麗的夢境轉瞬即逝,醒來之後,莊子想到自己仍是莊周,而不是蝴蝶,故感到又驚奇又可疑。

三、蝴蝶夢

從世俗的觀點來看,「周與蝴蝶則必有分矣」,莊周就是莊周,蝴蝶就是蝴蝶。但以道觀之,則「不知周之夢為蝴蝶與?蝴蝶之夢為周與?」二者難分彼此。分為二,化為一,都來源於大道,故稱之為「物化」。

順應大道而變化,就是「逍遙遊」。在「逍遙遊」的境界裡,人在主觀上消除了物我對峙,因物而化。所以,〈大宗師〉篇中稱「自本自根」的道為「造化者」或「造物者」。

我相信莊子真的做過蝴蝶夢。並且,只有大徹大悟的莊子,才能做這樣妙不可言的美夢。

人類從自然界中分化出來後,便前仆後繼、一點一點地爭取對自然界的支配權力。從磨削幾塊石頭,到如今發射人造衛星和太空梭,這期間經歷了一個多麼漫長的歷史發展!隨著生產技術的進步和物質條件的改善,人類的生活水準不斷提高。但是,人類從自然界那裡獲取的自由越多,付出的代價就越沉重。由於社會的出現,先是有傳統道德習俗的約束和限制,繼之是封建制度制度的枷鎖,絕大多數人在社會組織中的自由越來越少,有時甚至被完全剝奪。社會的物質文明和公德心成果被一小群人攫取,整個人類的創造都被異化了。

莊子發現了人的自由和社會發展的反比關係,隨即轉身投入了大自然的懷抱。人回到自然界,就找回了失去的自由。但這一切,只能在主觀精神世界中發生。因此,莊子夢化為蝴蝶,在夢中追尋在現實世界中失去的自由。他以自然

第十一章　從夢境到逍遙

的審美情趣欣賞萬物，在欣賞過程中，又敞開自己的心靈與萬物溝通。

就這樣，莊子在物我交感中進入了物我兩忘的境界，進入了自由的樂園。在這樣的境界中，莊子與自然擁抱在一起，體會自由的美好，體會人與萬物的和諧。

在欣賞莊子的蝴蝶夢的同時，我們不由得為現代人，當然也為我們自己悲哀。生活在當今社會的現代人，就像一根根正被釘進牆裡的釘子，不時受到四面八方的擠壓，難受極了。法蘭茲・卡夫卡（Franz Kafka）的寓言《變形記》（*The Metamorphosis*），就是因描寫這種現代人的普遍感覺而著名。這則寓言大致內容是說，格里高爾的職業是旅行推銷員，忙得要命，每天清晨四點起床去趕火車，到外地一家公司去上班，然後去各地推銷棉布。上司的面孔冷冰冰的，工作又十分枯燥乏味，使他對這份工作厭惡至極。但為了生計，為了替父親還清債務，他只好硬著頭皮做下去。這天，他正要準時起床，當他從噩夢中醒來，他發現自己變成了一隻碩大的甲蟲蜷伏在床上。他掙扎著要去上班，可力不從心、言語不清……

卡夫卡以格里高爾的遭遇，反映了現代人承受的重重壓力，尤其是精神壓力。莊子筆下的蝴蝶和卡夫卡筆下的大甲蟲，都由人轉化而來，但兩者具有不同的美學意義。卡夫卡以現實主義者的眼光看人世與人生，大甲蟲象徵失去自由的

三、蝴蝶夢

人，或者說象徵那些為生計而奔波的金錢的奴隸。而莊子是浪漫主義者，他以藝術心態觀察欣賞人世和人生，蝴蝶象徵他理想中的獲得自由而自適其志的人。那夢幻中的蝴蝶，無待而逍遙，沐浴著和煦的陽光，呼吸著百花的芬芳，在自由的世界裡飛翔。如果說，卡夫卡的大甲蟲使我們感受到失去自由的痛苦與惆悵，那麼，莊子化身的蝴蝶，則使我們感受到獲得自由的幸福和歡樂。

光陰似箭，平生有多少計畫、多少憧憬，到頭來都成泡影。人們每念及此，難免有悲冷失落之感，常常以「人生如夢」來抒發此時心中的悽苦。但在莊子心中，人生如夢不僅沒有一絲悲涼，反而充滿了歡樂。這是因為，莊子是以藝術的心態欣賞人生，而我們是以現實的態度體驗人生。

莊子的蝴蝶夢是美麗的、動人的，「逍遙遊」的境界更是絢麗多彩、令人神往。但是，它們都不是現實的存在，而是現實在莊子心靈上的折射。透過這折射，我們看到了莊子心中那個純淨美麗的世界，看到了莊子對自由的一往情深和執著追求。

自由啊，你是多麼美好！

第十一章　從夢境到逍遙

第十二章　養生之道

　　熟悉莊子的人，都知道莊子是偉大的哲學家和文學家，都會欽佩其深邃的哲學思想和浪漫主義的文學才能。但是，人們很少注意到莊子的養生理論。換句話說，就是人們十分重視身為哲學家和文學家的莊子，卻忽略了身為養生學家的莊子。這其中的原因，一個是莊子的全部思想和智慧就像一株繁茂參天的大樹，而他的養生理論只是這株大樹上的一個枝杈；另一個是莊子所談的養生理論和聞道之術密切相連，人們或把二者混淆為一，都看作了聞道之術。

　　這裡，我們專門討論莊子的養生之道。

第十二章　養生之道

一、緣督以為經

作為養生學家，莊子寫了一篇〈養生主〉專論養生。文章開篇就說：

> 吾生也有涯，而知也無涯。以有涯隨無涯，殆已！已而為知者，殆而已矣！為善無近名，為惡無近刑，緣督以為經，可以保身，可以全生，可以養親，可以盡年。

莊子先一唱三嘆，放眼人生天涯路，然後規定了養生的基本原則。

「吾生也有涯，而知也無涯」，是大徹大悟的莊子回首看人生時得出的結論。在無限的時空中，人的一生只是那麼一瞬，真是「人生天地之間，若白駒之過隙，忽然而已」。而放眼無限的時空，人們究竟對世界的奧祕知道了多少呢？可想而知，大概還比不上九牛一毛吧。於是，人生的「有涯」和認識的「無涯」之間的矛盾，就擺在每一個人面前，誰也無法迴避。

莊子正視這一矛盾，沒有一點困惑。因為他知道人生的有限性與世界的無限性，知道人生的有限性局限了人們的眼光。「以有涯隨無涯，殆已！」這既是他對人生短暫的感嘆，也是他對世界無窮的感嘆。人們企圖在短暫的人生中去認識無窮的世界，真是太疲困了！

一、緣督以為經

　　可是世界上偏偏有許多人，無視人生的有限性與世界的無限性，他們或心高志遠要窮盡真理，或欲壑難平而汲汲於功名利祿，或求仙訪道要長生不老，真是愚蠢、可笑極了。莊子向世人大聲疾呼：「已而為知者，殆而已矣！」這句話的意思是要他們懸崖勒馬、迷途知返。

　　既然貪婪和野心使人走向深淵，那就回到現實，珍重自己吧！什麼功名利祿、聲色狗馬等身外之物，通通都去見鬼！生命比什麼都寶貴，所以要精心呵護。「為善無近名，為惡無近刑，緣督以為經」，就是莊子對人間世養生經驗的總結和概括，是養生必須遵照的基本原則。

　　莊子生逢亂世，「昏上亂相」比比皆是，人間世到處都是荊棘和陷阱，死神隨時會降臨。所以，養生的關鍵一環是保住性命、不掉腦袋。「為善無近名，為惡無近刑」，就是根本對策。名譽有害心性，刑罰有害生命，為保住心性和生命，就要「緣督以為經」，在「名」與「刑」之間找出一條路來。

　　「緣督以為經」中的「經」，是「正道」的意思，即處於名與刑之間的那條路——「督」。「緣」是因循、沿著的意思。「緣督」說明只要你認真去找尋，天無絕人之路。「為善無近名，為惡無近刑」，就是「緣督」的具體方法，意為「做好事不追求名譽，做壞事不觸犯刑罰」。

　　如上所述，莊子的養生理論包括處世哲學。這裡，我們只探討莊子關於保養形體、保全心性、養護精神三個方面的學說。

第十二章　養生之道

在莊子看來，遵照他所提出的養生的基本原則，就「可以保身，可以全生，可以養親，可以盡年」。處世方法和養生之道是一致的。「保身」包括兩重含義：一是免遭刑罰；二是自我保護。「全生」即保全心性。「生」通「性」，即心性或自然天性。「養親」的「親」，即〈齊物論〉中與「形」相對的「真宰」或「真君」，也就是人的精神。「養親」即養護精神。人的形體、心性、精神都保養好，就可以「盡年」，即享盡天年。

現在，我們必須考察一下「養生主」的含義，因為它對理解莊子的養生學說至關重要。回顧前人的解釋，比較通行的解釋有兩種。一說以郭象為代表，以為「養生主」是「養生之主」。陸德明在《經典釋文》中說：「養生以此為主也。」他們把「主」理解為宗主、主宰。另一說以劉爾楷為代表，以為「養生者，養其所以主我生也」。「主我生」者，即人的精神。兩相比較，前說比較可取。莊子談養生強調養神，但也談養形和養性，三者是統一的。再看〈養生主〉全文，先是提出「為善無近名，為惡無近形，緣督以為經」的基本原則，然後就是舉例怎樣運用和貫徹它。所以，「養生主」就是養生的基本原則。而這個基本原則貫穿了莊子的全部養生學說，反過來也是有力的佐證。

二、形神兼養

〈達生〉是莊子的另一篇養生學論文。他在論述物質、身體、生命三者的關係時說：

達生之情者，不務生之所無以為；達命之情者，不務知之所無奈何。養形必先之以物，物有餘而形不養者有之矣。有生必先無離形，形不離而生亡者有之矣。生之來不能卻，其去不能止。悲夫！世之人以為養形足以存生，而養形果不足以存生，則世奚足為哉！雖不足為而不可不為者，其為不免矣。

這段話有三重含義，著重批評世俗養生的一種錯誤觀念。

「生之情」和「命之情」，都是從人的自然天性出發而予以肯定的養生之理。「不務生之所無以為」、「不務知之所無奈何」，是說人的生命是有限的，人的智慧也是有限的，而客觀世界具有無限性。所以，養生不能憑藉有限的生命和有限的智慧，而去貪得無厭、不自量力地追求世界上的一切。這道理正如〈養生主〉篇中所說：「吾生也有涯，而知也無涯。以有涯隨無涯，殆已！」

接下來，莊子談到物質、身體、生命三者的關係。保養身體必須有必要的物質生活條件，人要吃飯、喝水、呼吸、穿衣。但是，充裕的物質生活條件並不等於健康的身體，有

第十二章　養生之道

的人吃山珍海味、住高堂大屋、穿綾羅綢緞，卻疾病纏身、骨瘦如柴。人的生命離不開身體，有的人還活著，其實生命卻已不存在了，因為他們的自然天性已經喪失。可悲的是，世俗之人不明白生命源於大道，來不可卻，去不可留，而誤以為保養好身體就可以一直活下去。

保養身體雖然不等於養生，但「不可不為」，因為人的生命不能離開身體而獨立存在。所以，莊子慨嘆「其為不免矣」，把保養身體看作不得已的事情。

身體不得不保養，但怎樣保養呢？莊子在〈達生〉篇中論述說：

> 夫欲免為形者，莫如棄世。棄世則無累，無累則正平，正平則與彼更生，更生則幾矣！事奚足棄而生奚足遺？棄事則形不勞，遺生則精不虧。夫形全精復，與天為一。天地者，萬物之父母也。合則成體，散則成始，形精不虧，是謂能移，精而又精，反以相天。

「為形」，即保養身體。莊子由「棄世」談到「遺生」，由身體談到精神，由人談到天地，提出了「形神並養」的方法和原則。

在莊子看來，保養身體的關鍵是「棄世」，即拋棄世俗的一切價值觀念和追求，棄世則無牽無掛，即所謂「無累」；無累則心性純正和平，即所謂「正平」；正平則身心一起獲得生機，即所謂「更生」；更生則身體健康。

二、形神兼養

棄世包括「棄事」和「遺生」兩個方面。「棄事」即拋棄世事，不爭名於朝，不爭利於世，從而身體無勞。「遺生」即忘懷人生，不顧慮生死，從而精神無損。身體無勞則健全，精神無損則飽滿。達到這種境界，就進入了自然狀態，超世脫俗而游離於塵世之外了。

「天地者，萬物之父母」，是從宇宙生成的角度論證人與天地的關係。〈至樂〉篇中有云：「天無為以之清，地無為以之寧。故兩無為相合，萬物皆化生。」「萬物皆化生」，人也為其中之一，源於天地而與天地同德。天地相合而產生萬物，天地離散則萬物回到初始的混沌狀態。人如果身體健康、精神飽滿，就叫做「能移」，即隨天地更生變化。如果得養生之道，則精神日臻完善、爐火純青，不僅會順應天地而自然發展，還有助於這種發展。

在〈達生〉文中，周威公聞知祝腎學習養生之道，就請祝腎的學生田開之講一講。田開之轉述祝腎的話如下：

> 善養生者，若牧羊然，視其後者而鞭之。

祝腎的意思是說，善於養生的人，就像牧羊一樣，看到哪一隻落在後面，就用鞭子抽牠，使之趕上去。周威公不解其意，要田開之解釋一下。田開之從反面舉了兩個例子。他說：

> 魯有單豹者，巖居而水飲，不與民共利，行年七十而猶有嬰兒之色；不幸遇餓虎，餓虎殺而食之。有張毅者，高門

第十二章　養生之道

縣薄,無不走也,行年四十有內熱之病以死。豹養其內而虎食其外,毅養其外而病攻其內。此二子者,皆不鞭其後者也。

單豹、張毅喪命,都是因為違背了形神並養的原則而偏廢其一。單豹隱於山間,住巖洞飲溪水,不與人爭利,行年七十而面色如嬰兒一般;但被餓虎捕食,沒保住生命。張毅投機鑽營於富豪之門,終因利慾薰心而得內熱之病,煩悶而死。單豹養神而不養形,張毅養形而不養神,皆顧此失彼。根據祝腎的養生經驗,這二人就像牧羊人不用鞭子趕著羊一起前進一樣,結果丟失了後面的羊。

凡得養生之道者,無不注意形神並養,以神養形。〈在宥〉文中,黃帝「順下風膝行而進」,問廣成子:「治身奈何而可以長久?」廣成子說:

善哉問乎!來,吾語女至道:至道之精,窈窈冥冥;至道之極,昏昏默默;無視無聽,抱神以靜,形將自正。必靜必清,無勞女形,無搖女精,乃可以長生。……慎女內,閉女外,多知為敗。我為女遂於大明之上矣,至彼至陽之原也;為女入於窈冥之門矣,至彼至陰之原也。天地有官,陰陽有藏;慎守女身,物將自壯。我守其一以處其和,故我修身千二百歲矣,吾形未常衰。

「至道」,即至高無上的道。作為萬物之本原,道是深不可測的。黃帝問廣成子「治身奈何而可以長久」,廣成子以至道答之,這是表明養生和修道一致的一個好例子。

二、形神兼養

廣成子首先指出至道「窈窈冥冥」的精髓和「昏昏默默」的極致，然後指出養生的態度和方法，即透過「無視無聽，抱神以靜」，保持身體自然健康。內心清靜，身體不勞，精神不損，就可以長生。閉目塞聽，心不務外，精神不離身體，身體就不會衰老。反之形神俱敗。

「大明之上」與「窈冥之門」內，是至陽和至陰之本原，是天地的宮室，那裡有至道存在。至道支配著天地陰陽，自然也支配著世間萬物。萬物自然生長，無須勞神。因此，自身謹慎保養就可以了。

廣成子把他的養生之道概括為「守其一以處其和」。「一」，即道；「守其一」即專心修道。「處其和」，是與世間萬事萬物調和相處，任其自然。唯其修道養神，故廣成子一千二百歲而身體不衰老。

不利養形的因素很多，但首推對富貴壽善的追求。〈至樂〉文中分析說：

> 夫富者，苦身疾作，多積財而不得盡用，其為形也亦外矣！夫貴者，夜以繼日，思慮善否，其為形也亦疏矣！人之生也，與憂俱生。壽者惛惛，久憂不死，何之苦也！其為形也亦遠矣！烈士為天下見善矣，未足以活身。吾未知善之誠善邪？誠不善邪？

人們追求富有，不惜身體受苦，拚命勞作，省吃儉用，累積錢財，但他們只能用去很少一點。人們追求高貴，夜以

第十二章　養生之道

繼日,席不暇暖,謀慮成敗,但難免有失。人一生下來,就和憂慮同在。長壽者神志不清,久憂不死,只會比常人遭受更多的痛苦。殉名之人被天下人稱善,卻不能保全自身的性命,這是善還是不善,誰也說不清。由此可見,追求富貴壽善,對保養身體有百弊而無一利。

養生不可貪圖一時痛快,不可不顧及後果。〈達生〉文中強調說:

> 人之所取畏者,衽席之上,飲食之間。而不知為之戒者,過也!

「衽席之上」,指男女兩性生活。「衽席」,睡覺用的蓆子。飲食色慾,是人的正常生理需求,是生存和繁衍後代的需求,但不可過度。「為之戒」,是有所戒備,有所警惕。「戒」是戒懼的戒,而不是戒除的戒。莊子反對禁慾,也反對縱慾,但認為縱慾對人的身體危害更大。

三、智恬相養

〈養生主〉文中提到「全生」,「生」通「性」,「全生」即「全性」,保全心性或自然天性的意思。《莊子》書中的另一篇文章〈繕性〉,是專門探討養性的,「繕性」即養性。

莊子是天性論者,故在〈庚桑楚〉文中為「性」下定義說:

性者,生之質也。性之動,謂之為;為之偽,謂之失。

「性」是生命的本質,也就是人的天性,與生俱來。這是莊子天性論的理論基礎。人的天性本來是自然清靜的,如果受外物感召而動,就產生了具體的動作行為。有所作為就加上了人的作用,而這種作用恰恰與人的天性相違背,故稱之為「偽」。「偽」這個字從「人」從「為」,「為」聲,形聲兼會意。凡人所為都是不自然的,都是「偽」的,故有所作為就失去了天性。

人的自然天性最重要,不僅不可失,且不可變,故〈天運〉文中把性與命、時、道相提並論說:

性不可易,命不可變,時不可止,道不可壅。苟得於道,無自而不可;失焉者,無自而可。

在莊子看來,性、命、時、道四者,自然發展而人無法改變,也無力改變。四者還是相關的,人不失天性,樂天知命,順時而變,就進入了道的境界。得道則上天入地,無所

第十二章　養生之道

不通；失道則四面楚歌，走投無路。

莊子想像，遠古之人的天性自然，「在混芒之中，與一世而得淡漠焉」，即生活在混混沌沌之中，淡漠人世的一切。後來人失其天性，完全是統治者實行統治和教化的惡果。〈繕性〉文中分析說：

> 逮德下衰，及燧人、伏戲始為天下，是故順而不一。德又下衰，及神農、黃帝始為天下，是故安而不順。德又下衰，及唐、虞始為天下，興治化之流，澆淳散朴，離道以善，險德以行，然後去性而從於心。心與心識，知而不足以定天下。然後附之以文，益之以博。文滅質，博溺心，然後民始惑亂，無以反其性情而復其初。

德衰三次，人性喪失殆盡，積重難返。燧人、伏羲之世，民心雖然順從，但是已不那麼純粹了；乃至神農、黃帝之世，民眾雖然安定，但是民心並不順從了；到堯、舜之世，開統治、教化之風，澆淳散朴，背道害德，然後人捨其天性而生私心。人以私心互相窺測，天下就不可能安定，然後產生了花言巧語，加之以旁徵博引。花言巧語掩蓋了人純樸的本質，旁徵博引淹沒了人的自然天性，然後民眾大亂，沒有任何辦法能使人的性情再恢復到初始的純樸狀態。

我們通常認為，人類和人類社會是不斷進步的，前景一片光明。科技的進步、生產的發展，確實使人類的物質生活水準不斷得到提高。如果我們走進歷史博物館，看一看先民們吃野

果、穿獸皮,以漁獵和採集為主要生產手段的石器時代,再比較一下我們今天的物質生活,不難得出結論,人類在物質文明創造上取得的巨大成就是用任何語言都無法表達的。

但是,物質生產水準的提高導致了私有制的產生,私有制的產生破壞了社會道德,這個問題一直困擾著人類。人們為一己之私利,勾心鬥角,不擇手段,人際關係日益複雜化。莊子認為中國自燧人、伏羲以下,德衰三次,如果從這個角度看,不是沒有道理的。

人一旦失去自然天性,代之以愛欲憎惡,就會病入膏肓,不可救藥。在〈則陽〉文中,長梧封人對孔子的學生子牢說:

> 君為政焉勿鹵莽,治民焉勿滅裂。昔予為禾,耕而鹵莽之,則其實亦鹵莽而報予;藝而滅裂之,其實亦滅裂而報予。予來年變齊,深其耕而熟耰之,其禾繁以滋,予終年厭飧。

「鹵莽」即「魯莽」,「鹵」通「魯」。「滅裂」與「鹵莽」同義,有草率從事的意思。長梧封人以種禾方式的粗放或精細而收穫不同為例,比喻為政治民要順應民眾的自然天性,否則不得好報。

莊子聞知長梧封人的話,感悟到人們修身養性有如長梧封人「耕而鹵莽」所為,草率從事則產生惡果而自食。他說:

> 今人之治其形,理其心,多有似封人之所謂:遁其天,離其性,滅其情,亡其神,以眾為。故鹵莽其性者,欲惡之

第十二章　養生之道

蘖為性,萑葦蒹葭始萌,以扶吾形,尋擢吾性。並潰漏發,不擇所出,漂疽疥癰,內熱溲膏是也。

「遁其天」的「遁」,與「離」、「滅」義近。「欲惡之孽」的「孽」,通「櫱」,本義是樹木被伐後再生出來的幼芽。

天性神情,都是身心的自然表現。修身養性者,如果使天性神情離散毀滅,去追隨俗人的所作所為,實在無異於農夫「鹵莽」其禾、君主「鹵莽」其政其民。「欲惡之孽」是在人的本性泯滅以後生出來的,而世俗之人以此取代自己的本性。這就如同蘆葦萌芽,長勢很快,不久就遮住了自己的身體,接著拔除了自己的本性。結果是潰漏併發,遍體流膿淌血,如膿瘡疥癰,著實令人噁心。

肯定了性是人的生命的本質,是與生俱來的,養性的目標就明確了。所謂養性,就是保持人的自然天性而不失之。因此,凡屬後天產生的欲念、來自外界的干擾,都有害於性。〈天地〉文中有下面這樣一段論述:

百年之木,破為犧尊,青黃而文之,其斷在溝中。比犧尊於溝中之斷,則美惡有間矣,其於失性一也。跖與曾、史,行義有間矣,然其失性均也。且夫失性有五:一曰五色亂目,使目不明;二曰五聲亂耳,使耳不聰;三曰五臭薰鼻,困惾中顙;四曰五味濁口,使口厲爽;五曰趣舍滑心,使性飛揚。此五者,皆生之害也。

三、智恬相養

「犧尊」是雕刻成犧牛形狀的器皿，是名貴的祭神之器。「尊」通「樽」。「五臭」，指羶、焦、香、腥、朽。「困㥄中顙」：「困㥄」，閉塞；「顙」，通「嗓」。「厲爽」，指病傷。

從天性論的角度出發，對自然的任何破壞都有害於天性，不管其破壞方式如何。例如百年大樹，伐倒後一部分雕為犧尊，飾以青黃之色；一部分棄在溝中。從世俗的觀點來看，犧尊和溝中斷木有美惡之別；但從天性論的角度觀察，為犧尊和做斷木，都使百年之木失去了自然天性，結果是相同的。人世和自然同理。例如盜跖凶、曾參孝、史魚直，從世俗的觀點來看，他們的品行有美惡之別；但從天性論的角度觀察，為美和為惡都使人失去了自然天性，結果是相同的。

所謂「失性有五」，其中的五色、五聲、五臭、五味，對人的感官產生刺激，誘使人心外務。「趣舍」指趨利避害。「滑心」即心亂。人趨利避害，就會投機鑽營，以致神不守舍。五者的世俗價值很高，但都是人性的大敵。養生者一著不慎，必受其害。

〈駢拇〉一文，也是論人性的，文中反覆強調人性就是人的自然本性。文中論述本性不可亂時說：

彼正正者，不失其性命之情。故合者不為駢，而枝者不為跂；長者不為有餘，短者不為不足。是故鳧脛雖短，續之則憂；鶴脛雖長，斷之則悲。故性長非所斷，性短非所續，無所去憂也。

第十二章　養生之道

「正正」,有學者以為是「至正」之誤,可從。至正者,即知養生之道者,很善於保持性命的本質,根本不把兩指合生看作駢,也不把枝生小指看作跂。自然的就是合情合理的,無論其長短。這就像野鴨腳,雖短但不能續長;又像鶴腳,雖長但不能截斷。因為無論腳短腳長,都出自天然。天性不可易,易之則亂,易之則憂。

名利為世俗之人所夢寐以求,是人性的大害。〈駢拇〉文中明確指出:

> 自三代以下者,天下莫不以物易其性矣!小人則以身殉利;士則以身殉名;大夫則以身殉家;聖人則以身殉天下。故此數子者,事業不同,名聲異號,其於傷性以身為殉,一也。

三代以下,是為小康,現代史家一般認為其是私有制的開始。「天下莫不以物易其性」中的「物」,不僅指財物,還包括名聲。私有制產生以來,人們所追求的對象無非名和利,從小人到聖人,沒有例外。這裡所說的聖人,指諸侯或天子。

尤其令人驚訝的是,人們爭名逐利達到了喪心病狂的程度。例如,在莊子所處的戰國時代,不但諸侯之間展開了生死搏鬥,刀光劍影,戰火連綿,還屢屢出現君臣相殘、兄弟火拚,腥風血雨,此起彼伏。人們為爭得名利,連身家性命都不顧了,還有什麼人性可言?

仁義為儒家所津津樂道;但是在莊子看來,仁義非但不合人性,還是傷性亂世的。〈駢拇〉文中論證說:

三、智恬相養

夫小惑易方，大惑易性。何以知其然邪？自虞氏招仁義以撓天下也，天下莫不奔命於仁義。是非以仁義易其性與？

「小惑」，指規矩繩墨等；「大惑」，指仁義。莊子以為仁義的觀念始於虞舜，不得而知；但仁義是針對社會動亂和人心不定而設計的，則毫無疑問。儒家推崇堯、舜，主張以仁義治天下，在歷史上也發揮過進步作用。莊子否定仁義，出發點還是他的天性論：仁義是社會道德，是社會發展到一定階段的產物，在一定程度上跟人性有所衝突，所以說仁義有害於人性；而人失去本性是社會動亂的根本原因，所以說仁義亂世。

要保持人性不失，就要養性。莊子論養性，多從反面入手，正面論述不多。〈繕性〉文中在提出「智恬相養」時說：

古之治道者，以恬養知。生而無以知為也，謂之以知養恬。知與恬交相養，而和理出其性。

「恬」，指恬淡自然之天性。「知」通「智」，智慧。「和理」，指道德，指出自人的自然天性而不失其自然，不同於儒家的道德概念。

「古之治道者，以恬養知」，表明修道與養性是一致的。得道者大徹大悟，但他的智慧出自天性，而不是刻意求取的。得道者是智者，他的智慧生成卻不外用，不作為獵取功名的工具，而是返回去培養恬淡的天性。二者彼此滋養，不斷昇華，道德就自然而然地產生於其中了。

四、養神為上

在莊子的養生學說中，養神最為重要。在〈養生主〉篇中，有下面這樣一則寓言：

澤雉十步一啄，百步一飲，不蘄畜乎樊中。神雖王，不善也。

這故事很有趣。「雉」即野雞，生活在草澤中，十步啄一口食，百步喝一口水，真是夠艱苦。但是野雉不祈求被人畜養在樊籠裡，儘管那裡遮風避雨、飲食甘美，著實令人神往。究其原因，是因為一旦被關進樊籠，就永遠失去了自由。這個寓言旨在說明，養生主要在於精神上保持自由，而不在於豐衣足食。

〈養生主〉結尾的「指窮於為薪，火傳也，不知其盡也」一句，也是比喻。「指」通「脂」，脂肪。「指窮於為薪」，即脂為薪而窮。脂肪裹薪，是為火把。一支火把燃盡了，脂薪皆無，但是可以在燃盡之前引燃另一支火把，故薪盡火傳，永不窮盡。這裡，「薪」比喻人的軀體，「火」比喻人的精神。因為以道觀之，人的軀體只有偶像意義，生命源於大道，歸於大道，故無所謂生死，因而莊子以永遠相傳不盡的火比喻人的精神。

養神之道，靜則恬淡無為，動則隨順天然，保持天性的純樸。〈刻意〉篇中論養神之道時強調說：

四、養神為上

夫恬惔寂漠,虛無無為,此天地之平而道德之質也。故曰:聖人休休焉則平易矣,平易則恬惔矣。平易恬惔,則憂患不能入,邪氣不能襲,故其德全而神不虧。

「恬惔」即「恬淡」,「惔」通「淡」;「寂漠」即「寂寞」,「漠」通「寞」。在莊子的哲學思想中,恬淡、寂寞、虛無、無為是四個重要範疇,是天地的準則和道德的極致。莊子幾乎把這些範疇延伸到為君治國、為人處世、修身交遊等各個方面,養生自然也不例外。「聖人休休焉則平易矣」,即聖人用心於恬淡、寂寞、虛無、無為,從而與外界事物不產生矛盾,故說平易。平易則處世恬淡,憂患不入於胸,邪氣不襲於內,從而德全而精神飽滿。「德全而神不虧」的德,是自然之德,亦即天性。

平易恬淡既有益於養性,又有益於養神,養生者不可不知,不可不用心體會。否則,一味追求酒肉聲色,就有陰陽失調、精神紊亂之虞。

〈徐無鬼〉文中,徐無鬼對魏武侯說:

君獨為萬乘之主,以苦一國之民,以養耳目鼻口,夫神者不自許也。夫神者,好和而惡奸。夫姦,病也,故勞之。

這段話的意思是說,魏武侯憑藉自己的權力和地位,殘酷壓榨全國的老百姓,以滿足自己的貪欲。他只顧養形,但是精神並不愉快。這是為什麼呢?原來精神喜歡和諧而厭惡

第十二章　養生之道

紊亂。精神紊亂，必然導致疾病。因此，徐無鬼來慰勞他，告誡他不要只養形而不養神。

精神因素可以致病，也可以治病；可以致人死亡，也可以起死回生。〈達生〉篇中有一個齊桓公見鬼的故事，前一部分的情節如下：

> 桓公田於澤，管仲御，見鬼焉。公撫管仲之手曰：「仲父何見？」對曰：「臣無所見。」公反，誒詒為病，數日不出。齊士有皇子告敖者，曰：「公則自傷，鬼惡能傷公！夫忿滀之氣，散而不反，則為不足；上而不下，則使人善怒；下而不上，則使人善忘；不上不下，中身當心，則為病。」

「桓公」即齊桓公小白，春秋時代的第一個霸主。他一得管仲為相，就野心勃勃，要稱霸天下。「田」，通「畋」，畋獵。「誒詒為病」的「誒詒」，是象聲詞，指呻吟聲。「散而不反」的「反」，通「返」。

這故事開頭頗具神祕色彩。齊桓公在澤中打獵看見了鬼，指給為他駕車的管仲看，管仲卻一無所見。返回朝中，齊桓公竟生起病來，數日不能出朝。齊士皇子告敖對齊桓公病因的分析，可謂一針見血、鞭辟入裡。他首先肯定齊桓公是自傷，而不是為鬼所傷。接下來他分析「忿滀之氣」，即憤急之氣，導致的各種症狀：這種氣如果擴散而不能收復，則導致體內氣虛；如果集中於身體的上部而不能下降，則導致肝火太盛，使人易怒；如果集中於身體下部而不能上升，則

四、養神為上

導致心氣不足，使人善忘；如果集中於中焦當心處，則導致心臟受損，使人得病。看來，齊桓公的病當是憤急之氣集於中焦所致。

皇子告敖講得頭頭是道，齊桓公聽得句句有理，但是澤中所見之鬼的影子還是在他的腦海裡若隱若現，他就藉機問皇子告敖到底有沒有鬼。所以，故事還要繼續下去。下面是故事的後一部分：

桓公曰：「然則有鬼乎？」曰：「有。沉有履；灶有髻；戶內之煩壤，雷霆處之；東北方之下者倍阿，鮭蠪躍之；西北方之下者，則泆陽處之。水有罔象，丘有峷，山有夔，野有彷徨，澤有委蛇。」公曰：「請問委蛇之狀何如？」皇子曰：「委蛇，其大如轂，其長如轅，紫衣而朱冠。其為物也惡，聞雷車之聲則捧其首而立。見之者殆乎霸。」桓公囅然而笑曰：「此寡人之所見者也。」於是正衣冠與之坐，不終日而不知病之去也。

「沉有履」的「沉」，指汙水積聚的地方。「戶內之煩壤」，「煩壤」指塵土積聚的地方。「東北方之下者倍阿」，「倍阿」指土堆。履、髻、雷霆、鮭蠪、泆陽、罔象、峷、夔、彷徨、委蛇，都是鬼神名。

齊桓公早就有稱霸的野心，因一時不能得逞而心焦致病。皇子告敖摸透了他的心思，又了解到他在澤中所見的情況，故先投其所好，一一列舉傳說中的鬼神，特別提到澤

第十二章 養生之道

中的委蛇。皇子告敖對澤中委蛇的描繪,唯妙唯肖,活靈活現,明說委蛇,暗指齊桓公田獵時的車馬衣冠。然後以「見之者殆乎霸」一語,揭開齊桓公心底的祕密。齊桓公茅塞頓開,覼然而笑,不到一天病就好了。這正如俗話所說:「心病還需心藥治。」

養神的方法,與修道之術密不可分,似乎與氣功也有關係。下面具體介紹幾種。

先說「心齋」。「心齋」的「齋」,不是齋戒,與祭祀無關。在〈人間世〉文中,顏回問他的老師仲尼(即孔子)什麼是心齋,仲尼回答說:

> 若一志,無聽之以耳而聽之以心;無聽之以心而聽之以氣。聽止於耳,心止於符。氣也者,虛而待物者也。唯道集虛。虛者,心齋也。

「聽止於耳」,宣穎《南華經解》認為當作「耳止於聽」。根據上下文句法,其說可從。「心止於符」,「符」是接合的意思。

孔子把心齋解釋為一個「虛」字,妙不可言。具體說來,心齋是透過停止與外界接觸所達到的一種精神狀態。常人是用耳朵感知聲音的,但要達到心齋的境界,就不能用耳朵去聽,而是要用心去聽;甚至不能用心去聽,而是要用氣去聽。「心止於符」,即所謂「對境莫任心,對心莫任境」。「聽之以

氣」,是近乎荒誕的說法。氣本身不能聽,也就不能從外界接受資訊,所以是「虛而待物者」。萬物都是實在的,唯有道是虛的,所以說「唯道集虛」。

次說「喪我」。「喪我」就是忘我。〈齊物論〉開頭寫道:

> 南郭子綦隱几而坐,仰天而噓,嗒焉似喪其耦。顏成子游立侍乎前,曰:「何居乎?形固可使如槁木,而心固可使如死灰乎?今之隱几者,非昔之隱几者也?」子綦曰:「偃,不亦善乎而問之也!今者吾喪我,汝知之乎?女聞人籟而未聞地籟,女聞地籟而未聞天籟夫!」

南郭子綦,楚昭王庶弟,楚莊王司馬。因其住在南郭,故稱之「南郭子綦」。顏成子游,名偃,子綦的弟子。南郭子綦憑案而坐,仰著頭,面朝天,慢慢地吐氣。這個樣子讓子綦身邊的學生顏成子游都大吃一驚,不明何故。子游看到「今之隱几者」與「昔之隱几者」判若兩人,是由於今之隱几者形如槁木、心如死灰,已經「喪其耦」了。

「喪其耦」與子綦的答語「吾喪我」相對應,「耦」通「偶」。「喪耦」即「喪我」,這個「我」是「昔之隱几者」,指過去的子綦。「吾喪我」的「吾」,是「今之隱几者」,指已經「喪我」的子綦。簡言之,「吾喪我」中的「我」,是故我,是有名、有功、有己的我;「吾」是新我,是無名、無功、無己的我。

第十二章　養生之道

「吾喪我」是精神境界的昇華。一個人如果從狹隘和偏私中走出來，把功名利祿等世俗追求的東西一一拋開，洗淨在世俗沾染的一切汙泥濁水，那麼，他就能夠再現自己純淨的靈魂，進入「喪我」的境界，從而體悟真正的生命。

「人籟」、「地籟」、「天籟」這「三籟」，是南郭子綦向顏成子游提出的問題。子游知道「地籟則眾竅是已，人籟則比竹是已」，但不知道天籟是何物，故問於子綦。子綦解釋說：「夫吹萬不同，而使其自己也。咸其自取，怒者其誰邪？」所謂天籟，即自然之籟。所謂天籟之音，即自然的簫聲。「喪我」，就是效法天籟，回到自然狀態。南郭子綦的提問，實際上是對顏成子游的啟發，是得道者的妙語。

再次說「坐忘」，「忘」是忘記的「忘」。〈大宗師〉文中，顏回與仲尼師徒二人有一段關於「坐忘」的對話，茲摘錄之：

顏回曰：「回益矣。」仲尼曰：「何謂也？」曰：「回忘仁義矣。」曰：「可矣，猶未也。」他日復見，曰：「回益矣。」曰：「何謂也？」曰：「回忘禮樂矣。」曰：「可矣，猶未也。」他日復見，曰：「回益矣。」曰：「何謂也？」曰：「回坐忘矣。」仲尼蹴然曰：「何謂坐忘？」顏回曰：「墮肢體，黜聰明，離形去知（智），同於大通，此謂坐忘。」仲尼曰：「同則無好也，化則無常也。而果其賢乎！丘也請從而後也。」

這段對話饒有風趣。仲尼一次次肯定學生顏回的進步，但是又一次次以為不足。可當他聽到顏回達到「坐忘」的境界

時，神態大變，竟然要拜學生為師了。

何謂「坐忘」？顏回自己的解釋很清楚，就是「墮肢體，黜聰明，離形去知，同於大通」。「離形去知」，是對「墮肢體，黜聰明」的概括，意思是把肢體看作不存在，把聰明智慧拋棄掉。「同於大通」，「大通」即道，唯道無所不在、無所不通。「離形去知」，則神歸於道。

「坐忘」的形象，就像〈齊物論〉中的南郭子綦，「隱几而坐，仰天而噓，嗒焉似喪其耦」。「坐忘」的方法，就是〈人間世〉中仲尼講的「若一志，無聽之以耳而聽之以心，無聽之以心而聽之以氣」。

由此可見，「坐忘」與「喪我」、「心齋」三種養神方法，息息相通。

綜合上述，莊子的養生學說是自成體系的養生理論。首先，他把人看作自然界的一部分，因此主張養生要遵守自然法則。其次，他把人看作一個系統，比較充分地意識到養生是一個系統工程。人的身體、心性、精神密切連繫，所以養生不可偏廢其一，要彼此兼顧。再次，他提出了「喪我」、「心齋」、「坐忘」等具體的養生方法，在如今仍有一定的價值。

莊子的養生學說，是一份寶貴的文化遺產，有待我們深入發掘。有好之者，不妨一試。

國家圖書館出版品預行編目資料

跟著莊周去夢遊：遇見最自由的哲學靈魂 / 張希峰 著 . -- 第一版 . -- 臺北市：山頂視角文化事業有限公司, 2025.08
面；　公分
POD 版
ISBN 978-626-7709-41-2(平裝)
1.CST: (周) 莊周 2.CST: 莊子 3.CST: 學術思想
121.33　　　　　　　　　114010978

電子書購買

爽讀 APP

臉書

跟著莊周去夢遊：遇見最自由的哲學靈魂

作　　者：張希峰
發 行 人：黃振庭
出 版 者：山頂視角文化事業有限公司
發 行 者：山頂視角文化事業有限公司
E ‑ m a i l：sonbookservice@gmail.com
粉 絲 頁：https://www.facebook.com/sonbookss/
網　　址：https://sonbook.net/
地　　址：台北市中正區重慶南路一段 61 號 8 樓
8F., No.61, Sec. 1, Chongqing S. Rd., Zhongzheng Dist., Taipei City 100, Taiwan
電　　話：(02) 2370-3310　　傳　　真：(02) 2388-1990
印　　刷：京峯數位服務有限公司
律師顧問：廣華律師事務所 張珮琦律師

-版權聲明-

本書版權為濟南社所有授權山頂視角事業有限公司獨家發行繁體字版電子書及紙本書。若有其他相關權利及授權需求請與本公司聯繫。

未經書面許可，不得複製、發行。

定　　價：350 元
發行日期：2025 年 08 月第一版
◎本書以 POD 印製